经济管理学术文库·管理类

破解民营企业
基业长青之密码：双向忠诚

Solve the Mystery of Everlasting Private
Enterprise： Two-way Loyalty

詹宏陆／著

经济管理出版社
ECONOMY & MANAGEMENT PUBLISHING HOUSE

图书在版编目（CIP）数据

破解民营企业基业长青之密码：双向忠诚/詹宏陆著.—北京：经济管理出版社，
2021.5
ISBN 978 - 7 - 5096 - 7981 - 4

Ⅰ.①破⋯　Ⅱ.①詹⋯　Ⅲ.①民营企业—人力资源管理—研究—中国　Ⅳ.①F279.245

中国版本图书馆 CIP 数据核字（2021）第 094136 号

组稿编辑：郭丽娟
责任编辑：杜　菲
责任印制：黄章平
责任校对：董杉册

出版发行：经济管理出版社
　　　　　（北京市海淀区北蜂窝 8 号中雅大厦 A 座 11 层　100038）
网　　　址：www. E - mp. com. cn
电　　　话：（010）51915602
印　　　刷：唐山玺诚印务有限公司
经　　　销：新华书店
开　　　本：720mm×1000mm/16
印　　　张：14.5
字　　　数：257 千字
版　　　次：2021 年 5 月第 1 版　　2021 年 5 月第 1 次印刷
书　　　号：ISBN 978 - 7 - 5096 - 7981 - 4
定　　　价：88.00 元

前　言

民营企业与知识型员工双向忠诚是当代管理学前沿的新课题，它突出了企业要想获得员工忠诚就必须率先忠诚于员工的管理观念。双向忠诚是通过领导与员工关系（LMX）来实现的，民营企业与知识型员工在动态博弈关系中，只有打破企业与员工合同关系的樊篱，在心理契约的基础上建立起新型盟约关系才有可能建立双向忠诚关系，至此，才能最终实现双赢的目的。这就改变了以往管理学只注重员工单向忠诚的研究偏向，以殊途同归的方式，用全新的理念——盟约关系诠释双向忠诚的发展新方向。

本书立足本土文化情境，从组织行为学视角，以员工与领导者、组织情境的交互作用为主线，探讨民营企业与知识型员工的互动关系以及忠诚的能动反作用，具体包含以下三项子研究。

研究一为双向忠诚的内涵结构与量表开发。第一步，通过初步问卷、半结构与结构访谈、企业工会与企业人力资源专家座谈等方式，广泛收集民营企业领导与知识型员工双向忠诚典型心理特征并最终得以开发出量表，其中经由题项的合并、归类、提炼、修正和理论饱和度检验与测量等程序得到了 48 个反映双向忠诚特征的初始选项。第二步，以这 48 个选项进行先导性预测，通过多次探索性因子分析，剔除了 13 个测量效果偏低的选项，整合为 35 个符合心理测量所要求的选项。第三步，以 35 个条目的量表进行正式的大样本检测，并将 430 份有效样本随机分成两组：一组用于第二次对量表进行探索性因子分析，另一组用于全面检验量表的信度与效度各项考核指标。

研究二为双向忠诚的主要影响因素分析。选择目标与价值观、生命周期、领导风格（变革型领导、交易型领导）、组织氛围（支持性组织氛围、控制性组织氛围）和组织公平为影响变量，收集了430份有效样本，运用变量间的相关分析和多元层次回归分析等方法，探讨了企业与员工的目标与价值观是否一致，尤其是知识型员工的工作价值观对双向忠诚的影响；探讨了企业生命周期与知识型员工的职业周期对双向忠诚的影响；探讨了不同的领导风格、组织氛围对员工忠诚的影响及影响水平，同时选择知识型员工的性别、年龄、文化程度、工龄、有无职务和工作岗位性质等控制变量，运用LSD多重比较和方差分析（ANOVA），探讨了这些控制变量下员工忠诚水平的差异。

研究三为双向忠诚作用机理。采用领导—知识型员工调查问卷的方式进行。分别探讨了领导风格、组织氛围、组织公平在企业忠诚与员工忠诚的中介作用与调节机制。

本书探索性地构建了一个民营企业—知识型员工的新型盟约关系的理论模型。通过回收的430份（其中领导与主管问卷70份）有效问卷来采集数据，运用SPSS17.0进行描述性统计、探索性因子分析、单因素方差分析，运用AMOS6.0进行结构方程模型检验和修正。通过理论和实证研究得出以下主要结论：

（1）通过重复博弈分析证实：双向忠诚是民营企业与知识型员工相互共同作用的结果，只有双向忠诚才能达到共赢的最终目的。

（2）运用35个条目的双向忠诚度量表，通过同质信度、分半信度、内容效度、区分效度、实证效度等的检验显示，开发的最终量表具有较好的信度与效度，符合心理测试学基本要求。

（3）实证结果表明：变革型领导对提升双向忠诚度具有积极正向影响，其中：愿景激励、个性化关怀两个方面对知识型员工的创新与开拓精神、执行力与感悟能力的正向影响更为显著；交易型领导的权变报酬、积极例外管理两个维度对双向忠诚具有积极正向影响，但消极例外管理对双向忠诚有负面影响。

（4）实证结果显示：支持型组织氛围对双向忠诚产生积极正向影响；控制型组织氛围对双向忠诚产生负面影响，其中受正负向影响较大的是知识型员工的创新与开拓精神、执行力与感悟能力三种因素。

（5）方差分析和 LSD（Least – Significant Difference）多重比较表明：双向忠诚在性别上没有显著差异，但在年龄、工龄、文化程度、职务差别、是否有职务及工作性质界面上具有一定差异。

（6）探明了双向忠诚相互作用的机理。研究表明：企业与员工工作价值观的一致性对双向忠诚起主导作用，LMX 在提升双向忠诚度过程中起部分中介作用。

本书的理论价值体现在两个方面：一是立足于中国本土文化背景和组织情境，从经济学、管理学角度运用多学科交叉技术，通过实证方法揭示了双向忠诚的本质、结构，开发了具有较高信度与效度的统计量表，探讨了双向忠诚的主要影响因素，揭开了双向忠诚相互作用的机理"黑箱"，为建构具有本土文化特征的双向忠诚理论做了一些基础性研究。二是通过探讨民营企业与知识型员工的关系，构建了两者新型盟约关系理论。由传统的"合同关系—契约关系—盟约关系"向双向忠诚转变，解读了企业（领导）与员工能动交互关系对组织发展的意义，辐射企业忠诚与员工忠诚并重的管理新理念，对改变以往只注重员工忠诚的研究偏向，对丰富和发展领导科学理论起到一定的积极作用。

本书的实践价值体现在两个方面：一是帮助各级管理者与领导者、知识型员工掌握双向忠诚的本质、结构和作用机理，重新认识主管与员工交流互动对双方价值实现和组织目标实现的重要性，使管理者明白提升双向忠诚度是提高企业绩效的根本路径，从而主动改善与知识型员工的合作关系与互惠关系，以赢得更多忠诚和强有力的新知识型员工，推动知识型员工不断提高自己的技能素质和对组织的向心力。二是在员工激励方面开阔了组织人力资源管理的新视野。以盟约理论为基础，在民营企业与知识型员工关系方面提出两者的新型盟约关系，为此在知识型员工激励方面相应地创新了股权激励、幸福激励与时间激励等新的激励方式。在员工激励方面填充了新时期人力资源管理工作内容。本书开发的双向忠诚量表工具可应用于企业人力资源的考核测试与甄别，高扬知识型员工应对外界竞争变化的积极性与创造性，可以引导企业双向忠诚文化的弘扬与氛围的构建。

目　录

第一章

绪　论

一、问题的提出

　　民营企业怎样才能健康地长足发展，做到基业长青？这是一个常谈常新的话题，众所周知，民营企业要做到基业长青，留住优秀人才是关键。以往学界和业界的注意力一直集中在员工的忠诚或员工的忠诚度（Employee Loyalty）上，对与其相伴共生的企业对广大知识型员工（Knowledge Worker）忠诚的问题视而不见。长期以来，民营企业由于所有权的独立，片面地把忠诚度单纯理解为员工对企业的忠诚，较少考虑自身对员工的忠诚。其实忠诚是相互的，没有企业对员工的忠诚，就很难赢得员工对企业的忠诚。同时，员工对企业的忠诚度也会影响企业对员工的忠诚度，因而员工忠诚度的研究有必要将企业和员工忠诚度结合起来。

　　著名管理大师 Peter F. Drucker（1999）说过，在知识经济与信息时代，人是组织最重要最有价值的资源。社会的进步、经济的腾飞都依赖于信用、忠诚这样一些有关做人、做事的基本准则。而在这些延绵千年的朴素道理中，企业对员工的忠诚与员工对企业的忠诚即所谓双向忠诚（Two -

way Loyalty）是学界和业界研究较少的领域。

当前我国正致力于转方式、调结构、促增长，打造中国经济的转型升级版。广大的中小企业是实现我国经济转型升级的主力军，而实现我国经济转型升级则要依靠企业内部广大的知识型员工。然而，随着国际国内社会、经济形势的不断变化，随着我国加入 WTO 及全球经济一体化的逐步深入，世界性经济形势瞬息万变，不单是号称"巨无霸"的国际跨国财团被迫不断地进行兼并重组、裁员，大量中小民营企业也随之被迫不断地进行兼并、重组、裁员或者采取短期灵活多变的雇佣制度，甚至连促进日本经济 30 年快速增长的两大"灵丹妙药"终身雇佣制与年功序列制这些在企业中屡试不爽的做法也被搁置一边，不再提及与使用。

国际财团的兼并重组、裁员等最新做法打破了传统的企业与员工及员工之间的长期默契。从员工的角度来看，员工流动加剧、跳槽频繁，在职员工普遍心理压力加大、士气低下，缺乏责任心和工作激情，生产效率下降趋势明显，随之出现了职业忠诚代替企业忠诚的倾向，甚至出现了员工腐败、违纪违规等不良现象，加上专门挖掘具有一定客户人脉资源的猎头公司从中推波助澜，造成员工尤其是知识型员工的忠诚度严重滑坡。员工忠诚度的下降，无论是在我国还是欧美等其他发达国家都已成为不争的事实。近十多年间，我们可以观察到的典型现象是员工忠诚在"不断下滑"的客观事实。从企业的角度来看，随着知识经济对传统工业经济的替代，以网络金融、房地产、股票为代表的虚拟经济正日新月异，迅猛发展，超乎所有人的预期与想象，也是管理者始料未及的。经济环境发生的巨大变化主要表现在：①激烈的国际市场竞争使企业尤其是中小民营企业的生存和发展充满不确定的未知。②过度的扁平化组织使自上而下控制的管理模式成为阻碍民营企业做大做强的障碍。③网络普及化使管理者与员工信息不对称的差距越来越小，员工不再是机械被动的执行者，他们在生产一线自我学习、自我提高、自我发展、团队合作，灵活应对竞争环境的变化和挑战。他们影响企业成败的作用程度在不断上升。④随着人类知识的积累和网络教育的发展，企业员工的整体综合素质不断提高，为了自我价值的实现，员工自我管理能力越来越强，不安于现状的知识型员工（核心员工）越来越多。这些发展变化对民营企业的发展提出了严峻的挑战。于是，人们开始对企业忠诚主宰成败观提出质疑和对员工不忠诚现象进行反思，使对员工不忠诚的认识由消极被动向积极主动转变。如今越来越重视双向忠诚对企业发展的重要作用。组织中最终产生影响的很可能不是老板（管理者），而是普通员工，员工对管理者的重要性要大于管理者对员工的重要性。民营企业的发展就如高楼的建设，既需要领导设计架构，又需要员工一砖一瓦砌垒。企业的发展，任何环节出了问题，高楼将会坍塌，因为"小人物"的工作细节同样决定着企业发展的成败（汪中求，2001）。

近年来，学界开始重视民营企业的双向忠诚问题的研究，其直接的动因，一是一些成功的民营企业纷纷倒下，昙花一现，如三株、爱多、巨人、国美等。这些企业失败的原因很大部分是没有培育出有特色的企业文化。二是民营企业一旦做大，创业者就分道扬镳，这种现象大量存在，使企业这艘"大船"运行不稳，以致出现民营企业"长寿的少，短命的多"和"民营企业长不大，一长大就分家"的现象。三是家族企业普遍存在。家族企业的存在有其合理性，但家族企业在一定程度上也不利于民营企业向现代企业转变。四是在实践中有一些民营企业突破了长不大的"天花板"，而这些成功企业背后都有特色企业文化作支撑，这些成功企业的经验及其背后的文化需要总结。因此，民营企业如何做大做强，如何避免做大以后就分家或昙花一现，如何构筑民营企业基业长青的根基，既是我国民营企业发展的客观要求，也是摆在理论工作者面前的迫切任务。

二、相关概念的界定

（一）企业与民营企业

1978 年版《辞海》中将企业解释为："从事生产、流通或服务活动的独立核算经济单位。"《现代汉语》中"企业"一词源自日语，是在日本明治维新后翻译而来的汉字词汇，戊戌变法后，这些汉字词汇由日语引进现代汉语。企业一般是指以盈利为目的，运用各种生产要素（土地、劳动力、资本、技术和企业家才能等）向市场提供商品或服务，实行自主经营、自负盈亏、独立核算的具有法人资格的社会经济组织。企业的分类众说纷纭，传统且普遍接受的分类如表 1-1 所示。

表 1-1　民营企业的分类

类别	定义
国有民营企业	企业的所有制不变，仍然为国有，但经营方式发生了改变，变为私人或民间组织经营了。经营的形式为承包、代理、委托等
股份合作制企业	对各种老集体企业的改造，产权相对清晰，企业内部有了职工的股份；政企分开，企业归私人老板或职工管理，也就开始变为民营企业了
民营科技企业	科技人员利用自己专业知识下海创办的企业，主要从事科研开发、科研成果转化。它的体制比较灵活，产品科技含量相对较高
乡镇企业	指从土地转移出来的富余劳动力，有些离乡不离土的农民在农村乡镇办的、不受国家计划所控制的非农产业
私营企业	在农村家庭承包责任制下发展起来；城市则是在允许待业青年自谋职业、个体工商户发展的基础上，增加雇工，扩大生产经营规模而发展起来的企业
个体企业	指在国家工商行政管理部门登记的个体工商业户，如宾馆、饭店、理发店、缝纫店、小商店等

目前，国内对"民营企业"还没有一个界定得非常明确清楚又被大家广泛接受的权威定义。民营企业一词由来已久，存在的争议较大，特别是在理论界。对民营企业大家普遍接受的定义为：所有的非公有制企业均被统称为民营企业。根据《公司法》中的解释："民营企业不包括国有控股和国有独资的企业，但包括有限责任公司、股份有限公司、独资合伙企业和个人独资企业等。"所以理论上民营企业有广义与狭义之分：从广义上看我国的民营企业，是与国有独资企业与涉外三资企业相对而言的企业，把非国有独资企业均称为民营企业；狭义上的民营企业，指私营企业和以私营企业为主体的联营企业，在中国"私营企业"的"私"字带有歧视色彩，而民营企业的"民"字偏中性意义，所以在很多情况下私营企业就被称为民营企业。本书所指的民营企业，就是指狭义的民营企业。

本书研究的民营企业是指从个体私营企业和私有家族企业基础上发展而来，属于典型民有成分占主导的民营企业。不包括国有企业或国有控股私人经营企业与涉外资本的三资企业。民营企业重点是指民营，和经营性的概念有关而和所有制关系不太紧密。家族企业只是从企业的内部控制角度来看：如果一个企业的实际控制人是一个人及其家族成员，这个私营企业就是家族企业。所以说家族企业只是民营企业的特殊形式而已，而且这种形式在我国普遍存在。

（二）我国民营企业的特点

党的十八届三中全会颁布的《中共中央关于全面深化改革若干重大问题的决定》文件里，党中央强调了在市场化改革方向不动摇的前提下，鼓励并提升民营企业发展的市场活力，甚至在报告中提到："引导优势民营企业进入军品科研生产和维修领域。"这一系列的政策表明，国家充分意识到民营企业快速发展的重要性与紧迫性，将民营企业的发展提到前所未有的高度，称他们是中国经济的重要组成部分，并高度关注民营企业的发展，通过各种措施与方法为其高速发展疏通不合理的障碍。

在我国，家族企业与民营企业几乎可以画等号，因为中国90％的民营企业为家族式经营（齐岳峰，2013）。根据相关部门的统计，在铁路、通信、银行、电力、能源等垄断部门之外的所有关乎民生的行业中，家族企业都有涉及，并发挥着不可替代的作用。国民经济增长总量的60%以上来自民营企业并有增长趋势，民营企业不仅有利于增加税收、扩大就业，而且大部分科技民营企业还是高新技术企业，促进了产业创新，支撑了国民经济的快速增长。在世界各国，大量的企业群体仍是家族企业的组织形式。

现阶段民营企业呈现如下新的特征：一是民营企业的成功在于民营企业家的开拓与创新精神，包括艰苦的努力奋斗精神，也包括善于抓住机遇、迎难而上敢于冒险的精神。由于民营企业创始人在民营企业创业过程中作用至关重大，往往在公司中处于说一不二的绝对权威的地位，他的个人素养直接决定着企业兴衰成败，当企业规模做大做强以后，这种权力过分垄断的决策机制往往使企业处于难以挽回的失败境地，所以说民营企业家个人的成败与民营企业的成败息息相关。二是民营企业最大的特点就是生产经营活动以市场为导向，实现企业价值最大化、追求资本收益最大化。由于民营经济虽然数量众多但在我国是非主流经济，民营企业家非常渴望得到政府部门和社会各阶层的普遍认可，以致于他们在进行战略投资决策时考虑了过多的非经济因素，在业务经营中依赖于国有企业。三是民营企业具有经营上的灵活性和竞争性的特点，民营企业作为国家的非主流经济，无法得到像国有企业那样各种各样的金融税收等方面的优惠政策扶植，民营企业完全在社会主义市场经济中独立生存、发展，具有很强的市场竞争性，如果没有在某些方面的竞争优势，就会迅速被对手打败，被市场淘汰；与此相适应，在融投资、生产、供应、销售分配等各个方面，民营企业表现出极大的灵活性。在企业人事方面，民营企业对有才华的管理人员和专业科技人员的聘任与雇佣一直是其明显有别于某些其他所有制企业的内在优势。四是非现代化企业制度的家族式企业管理方式，也就是产权制度的私有化。民营企业的所有权与经营权均为个人或家族掌握，实行的也多为所有权与经营权高度统一的家长式管理，个人利益或家族利益是民营企业老板的第一优先考虑。我国的民营企业大多是家族式企业或合伙企业，无法真正形成现代法人的企业制度。由于家族企业以直系或旁系血缘关系为纽带，或以姻亲关系为纽带，造成人合的成分大于资合，外来杰出的优秀人才难以进入企业核心管理阶层，因此其人才方面的劣势暴露无遗。非现代化企业制度的另一个特征是产权结构不清晰：民营企业规模偏小，在完成了创业期的快速发展并形成一定规模后，这种组织形式不利于其进一步发展。家族式企业或合伙企业的组织结构不稳定，所有者和经营者的身份不明确，直接对企业长远发展产生不利影响，企业难以做大做强。五是经营目标的短期化。民营企业在管理上主要存在由于内部组织关系不稳定造成管理层次不清、计划性不强、管理方法单调、重市场不重战略等问题。民营企业对现代企业的战略资本运作方式不熟悉，当面临较大较复杂的投资时很容易出现财务运作上的问题。一方面企业创业初期在融资投资方面一直处于劣势，因此他们已习惯于滚雪球式的自我原始积累，在看准市场机会时不会利用财务杠杆放大收益；另一方面对现代企业的虚拟资本运作方式不熟悉，当面临较大较复杂的投融资时常常会出现资金链断裂等问题。

（三）知识型员工与双向忠诚

1. 知识型员工的定义

"知识型员工"是舶来词。1959 年 Peter F. Drucker 最早提出"知识型员工"（Knowledge Worker）一词。与之相对应的是国内研究人员提出了"核心员工"概念，从内涵上讲，两者有共同的交集，核心员工是从员工对企业的重要性角度来讲，知识型员工是从员工本身素质角度来讲。在现代知识经济社会，核心员工一定是知识型员工，但知识型员工不一定是核心员工，核心员工的内涵要比知识型员工的内涵窄。知识型员工一词出现以后，国内外的学者对其讨论层出不穷，日讲日新。然而，知识型员工概念的界定并非易事，目前尚未达成统一。比较典型的是 Drucker（2000）基于个体特征的定义：知识型员工是那些所有掌握和运用符号和概念、利用知识或信息工作的人。加拿大管理学家 Horibe（2000）另一个较为典型的对知识型员工的定义是指那些通过自己的分析、判断、创造、设计、综合，给产品带来价值或附加价值，创造财富时用脑力劳动多于体力劳动的人们。从国外学者对知识型员工的定义来看，知识型员工由于受教育程度高于非知识型员工，所以从事的是自主性、知识性、创造性的脑力劳动。与之相适应的是他们的需要较为多样化与个性化，尤其是他们具有很强的成就动机，执照马斯洛的人类需要的五层次论，他们更重视自我实现的需要与自身价值的实现。

国内学者对知识型员工概念的界定也尚未达成共识，高贤峰（2001）最早将 Knowledge Worker 一词翻译为"知识型员工"。

张丹等（2006）指出，如果知识型员工与一般员工有所不同，教育背景一定是重要的因素，他们列出了心理强度与教育程度关系图：将人的心理分为本我、自我和超我。本我主要由遗传获得，即人的本能，本我动力是最顽强、最根本的天生力量，也就是人们常常所说的"生而知之"，它在人们生产活动的任何时候都会间接或直接地影响人的生理与心理。自我是在本我基础上，通过后天学习而发展起来的人格要素。自我动力是内因，是个体为获得一定的利益或自我实现的需要而产生的动力。人的能力的提高可以通过后天学习获得。通过后天学习，个体掌握了更多的知识，由于人类知识积累成几何级增长，人们通过学习可以获得一定的经验，从而更全面、更深刻地了解了自己的需要和前进的动力，同时也就提高了自我的技能和自我的高层次需要。超我是通过后天学习而唤醒、激发内在心理而形成的、超越自我之上的、社会化的理想、道德、价值观等人格要素。因教育程度较高，知识型员工从事的主要是具有创造性、自主性的知识性劳动。

黄卫国和宣国良（2007）认为知识型员工是企业知识价值链上从事知识获取、知识创新、知识共享和知识应用等非结构性任务且要做出独立判断的人。从这个定义来看：与之相对应的非知识型员工所从事的是结构化、程序化和非创造性的机械性工作，突出了知识型员工的相对性与差异性，深刻地融合了国内外学者对于知识型员工的核心与精髓。这是对一般性知识型员工的拔高，近似或接近于核心员工的概念，但不包括核心员工中具有一定重要人脉资源的员工。

2. 知识型员工与核心员工的比较

对于核心员工的定义与界定，以往学界与业界没有形成统一定论。从现有的文献看，主要有以下几种观点：查尔斯·汉迪（2000）是最早对核心员工进行研究的学者，他使用"三叶草"理论来形象地说明当代企业的人员构成：当今的企业由核心员工、契约工作者和可随时替代的员工三组不同的人员组成，这三种人有不同的期望，遵守着不同的管理方式，享受着不同的薪酬并且处在不同的细分组织中。三叶草的第一片叶代表企业的核心人员，由三种人员组成：合格的专业资格的高新技术人员；具有前沿管理工作人员；具有特殊人脉资源的营销人员与攻关人员。这些人是企业组织的基本人员，他们拥有企业所需要的技能与盈利的知识，失去了他们，企业就失去了发动机，重要性不言而喻，而且不能随意更换。Lepark和Snell从企业战略发展的高度，结合人力资本理论、交易成本经济学理论、企业战略管理理论，提出了混合雇佣模型。该模型认为，具有竞争力的人力资本是企业关键资源，但并不是所有的人力资源对企业都具有同等的重要性，企业可以对不同类型的人力资源采取不同的雇佣模式，进行差别化管理，建立等级战略雇佣关系，有些独特技能的企业员工在劳动力市场上难以获得，并且该员工为企业带来的利益远远超出培训和开发的成本。对于这种高附加值的人力资本，企业将其视为具有竞争优势的核心员工，应从战略上对其进行外部引进或内部培养开发。这就是人力资本混合雇佣模型的核心思想（陈丽君和沈剑平，2002）。利·布拉纳姆（2004）把核心员工看作是企业中最重要的、不可缺少的、难以替代的、难以寻找的、能够保证公司经营策略成功的关键人物。

国内学者李常仓（2005）认为核心员工是指能够帮助企业保持、提高竞争优势进而实现战略目标，或者能够帮助企业提高管理业务能力、经营能力和管理风险能力的员工。郑耀洲（2004）提出，从各个角度来定义核心员工，都能看出核心员工存在共性的特点，就是一般情况下大都在行业内经过较长时间的培训和实践，拥有较高的专业技术和较强的操作技能，或者拥有较为丰富的行业经验及较为杰出的经营管理方面的才能，这些经验和操作能力会对企业的生存和发展产生深远影响，一旦员工离职，将会对企业的生产经营产生不良的影响，严重情况下还会危及企业的生存，而且企业弥补离职带来的损失较为困难，难以迅速找到合适的替代人选，找到也要支付高额的招聘、培训费用和适应企业的时间成本。

总之，核心员工是能够帮助企业实现企业目标和提高企业竞争优势，或能够直接帮助高层主管提高管理业务能力、经营能力和管理风险能力的员工。从为企业创造价值的来源看，可以把核心员工分成以下几类：①具有专业技能的核心员工。他们所掌握的专业技能是企业的核心竞争力，其工作绩效的优劣影响企业经营的正常运转。②具有广泛外部关系或有人脉资源的核心员工。他们是企业与外部组织联系的纽带，如关键的营销人员、具有一定社会背景的政府官员的子女（官二代）。这类员工直接与客户、供应商接触，企业通过他们来获取所需要的资源并输出产品。③具有管理技能的核心员工。企业的管理者不仅承担着管理员工的职责，更重要的是，他们还担负制定企业发展目标、竞争战略以及激励员工士气的职责（杨佑国，2001）。

经过以上分析，核心员工应具备的素质频次如表1-2所示。

表1-2　核心员工应具备的素质频次

核心员工应具备的素质	出现频次	排序
掌握核心技术	11	1
从事	11	1
掌握关键资源	4	3
担任关键职务	3	4
拥有广泛客户关系	3	4
丰富的经验	2	6
对企业文化高度认同	2	6
高度人格魅力	2	6

续表

核心员工应具备的素质	出现频次	排序
创新精神	1	9
人力资源稀缺性	1	9

本书的研究对象为民营企业的知识型员工，也就是广义上的知识型员工。他们的基本特征是具有大专以上学历，拥有专业知识、管理技能等，并能够通过后天努力与学习具有自我更新的人力资本，核心员工是一个时点上的概念，特别是第二类员工，即具有广泛外部关系或有人脉资源的核心员工。由于随着时间的变化，从动态上看，这些员工如果丧失学习能力，就会沦落为可替代的非核心员工，所以具有动态性。知识型员工具体指在应用知识、不断实践的过程中实现着自身价值和企业价值增值的生产技术人员、行政管理人员、财务人员以及营销人员等。知识型员工与核心员工的差异如表1-3所示。

表1-3　知识型员工与核心员工的差异

名称	知识型员工	核心员工
定义	在应用知识、不断实践的过程中实现着自身价值和企业价值的增值的生产技术人员、行政管理人员、财务人员以及营销人员等	能够帮助企业实现企业目标和提高企业竞争优势，或能够直接帮助高层主管提高管理业务能力、经营能力和管理风险能力的员工
差别	一般来说，知识型员工比核心员工范围广，知识型员工不一定是核心员工，从核心员工分类上看，有的核心员工也不一定是知识型员工。二者有一定交集，知识型员工经过努力可以成为核心员工，有一定人脉资源的核心员工具有一定的时限性，随着时间流逝，人脉关系消失后，核心员工就会成为普通员工，但知识型员工不会随着时间流逝成为普通员工，知识型员工具备一定的创新能力，也可以成为核心员工	
两者关系	知识型员工范畴比核心员工范畴广，核心员工只是时段上的概念，所以不在本书讨论之列	

3. 双向忠诚的含义

双向忠诚应该是一种基于高层次心理契约基础上的盟约关系。就是指企业组织和员工个体之间建立起来的，以双方的信任和资本互补性为基础，保障和约束的一种合作关系，这中间包括两层意思：一是情感上的信任，这是基础与前提；二是资本互补性，包括事实上的货币与人力资本两种。事实上，我们更应该树立这样的认识：对员工忠诚的企业就有可能获得员工的忠诚，对员工忠诚是企业获得员工忠诚的充分而不是必要条件；反之，如果企业内员工不忠诚行为充斥，则该企业一定具有员工对其不忠诚的种种内外在的因素与条件。

三、预期目标

本书的目标是基于结构方程模型（Structural Equation Model，SEM）技术，通过质化与量化的实证方法，全面系统地研究民营企业环境下企业的所有者或股份制企业的实际控制人对知识型员工的忠诚及知识型员工对企业的忠诚，即所谓双向忠诚形成机理和提升机制，探索和验证中国民营企业情境中双向忠诚的内涵及结构维度，填补企业对知识型员工为什么及如何要实施忠诚的理论空白，从而实现民营企业与知识型员工的双赢。

本书的预期目标主要有以下几个方面。

（一）企业与员工之间的双向忠诚是一种双方互动的心理契约，具有重要的效用价值

在现实生活中，往往只强调员工对企业的忠诚度，而忽略了企业对员工尤其是知识型员工的忠诚度。企业以各种方式来维系员工对企业的忠诚度，导致企业的发展和岗位履约能力之间产生矛盾，使企业与员工之间往

往难以达到双向忠诚。企业的发展离不开员工的忠诚，而员工自我价值的实现也离不开企业对员工的忠诚。实现双向忠诚是现代企业发展的价值取向，能有效开发利用人力资源，提高管理效率。

（二）双向忠诚应该是我国企业文化的核心内容

随着社会的不断进步与发展，人力资本成为生产力中最活跃的因素，是一个企业的核心竞争力所在，也是经济发展过程的第一资源。员工无疑成为企业发展的核心资本。然而在现实社会中，企业低忠诚度的现象并不少见，企业对员工忠诚的需要越来越强烈，忠诚作为企业的一种隐性资产，是需要经营的，这是一种双向的、互相的行为和准则，企业和员工的双向忠诚，无论是对企业或是员工都是最佳的选择，但在现实生活中，出于种种原因，企业和员工之间往往很难达到双向忠诚，而双向忠诚应该是我国企业文化的核心内容，这也是本书预期要实现的第二个目标。

（三）双向忠诚是组织内部发展最强劲的动力之一

学界与业界以前之所以重视员工的研究，是因为员工忠诚会影响员工的态度与行为，进而影响个体绩效与组织绩效。企业与员工哪些特质与行为会影响其双向忠诚的实现是双向忠诚理论研究和实践应用必须突破的问题。目前，国内外学界还没有成熟的双向忠诚的标准与测量量表，对双向忠诚的认知还处在主观感性的层面。因此，建构具有较高信效度，对企业与员工双方都有可操作性的测量工具，这是本书预期要实现的第三个目标。

（四）双向忠诚的顺利实现对组织绩效具有积极的正向作用

企业与员工、组织环境相互作用的过程中，相互忠诚度的强弱必然会受到领导因素（如领导风格、个人魅力等）和组织环境因素（如员工人际关系、组织公平与评价、组织氛围、现场情境、晋升制度等）的影响。其中哪些因素是重要的影响因素，哪些因素会对双向忠诚产生正向影响，哪些因素产生负向影响。特别是企业如何实现对员工的忠诚从而提高员工的满意度是国内外学界还没有揭开的"暗箱"。因此，探讨和验证中国组织情境中双向忠诚效能的作用机理是本书预期要实现的第四个目标，也是研究的难点与重点。

四、预期价值

（一）理论意义

1. 丰富了双向忠诚与知识型员工的含义

长期以来我国企业把忠诚度单纯理解为员工对企业的忠诚度，较少考虑企业自身对员工的忠诚度，也就是忽略了知识型员工的满意度，结果是造成大量知识型员工流失，员工的职业忠诚大于企业忠诚。其实忠诚是相互的，没有企业对员工的忠诚就很难赢得员工对企业的忠诚。同时，企业对员工的忠诚度也会影响着员工对企业的忠诚度，因而员工忠诚度的研究有必要将企业对员工忠诚结合起来。

根据英国管理学家查尔斯·汉迪的"三叶草"理论：企业员工由核心员工、契约工作者和可随时替代者三组不同的人员所组成。民营企业的知识型员工，不但包括核心员工也包括具有潜力上升为核心员工的次核心员工，也就是广义上的知识型员工。所以本书的核心员工是个动态概念，具体指知识型员工在应用知识、不断实践的过程中，实现着自身价值和企业价值增值的生产技术人员、行政管理人员、财务人员以及营销人员等。当然还应包括新招聘的应历届大学生，他们是第一线的新生骨干员工，这样就从理论上丰富了知识型员工的内涵。

2. 丰富了企业对知识型员工忠诚和组织行为理论

本书以知识型员工为研究对象，验证了企业对知识型员工忠诚的内容结构、前因变量及其结果变量，并且结合知识型员工自我实现的需要，构建了如何提升员工忠诚的有效机制。同时运用基于心本管理理论的幸福管理等手段，丰富了知识型员工管理理论的研究成果，也拓展了组织行为理论和人力资源管理的研究，使本书研究处于前沿状态。

3. 进行实证研究

摆脱长久以来对双向忠诚特别是企业对员工忠诚的研究重视理论阐释而忽视定量分析的弊端，建立一个全新的企业与员工双向忠诚的模型进行实证检验。

4. 考察西方理论在我国文化背景下的应用

现有的企业忠诚的研究大多建立在欧美西方文化背景下，本书通过调查中国文化背景下的民营企业员工组织承诺与组织公平的构成，考察西方组织承诺理论与股权激励理论的研究成果在我国的适用性，促使企业与员工实现双向忠诚，使双向忠诚观念固化为民营企业的主流企业文化。

（二）研究的现实意义

1. 可以促使民营企业做大做强，实现可持续发展

民营企业面临"命不长，长不大"的困扰。究其内在原因是民营企业特有的经营和管理理念与知识型员工的需求和自我价值的实现是一对鲜明的矛盾体。如何降低知识型员工的离职率并最大限度挖掘其内在的创新激情与潜力，对民营科技企业提高竞争力和整体水平具有生死攸关的意义。对双向忠诚的研究有助于企业改变旧的人力资源管理的观念。通过民营企业知识型员工忠诚问题的研究，可以依据员工与企业双向忠诚的内容结构及其影响因素，进行员工与企业忠诚度的评价，构建提升双向忠诚度的激励与约束机制，深入探究企业管理中提升员工双向忠诚的方向和途径，不但可以提高企业的绩效和生产率，更重要的是，通过构建员工忠诚度提升的激励与约束机制，可以促进企业与员工建立一个长期的良好的双向忠诚

关系，有利于在稳定高效的员工队伍的前提下，提升民营企业可持续发展能力。

2. 实现民营企业与知识型员工的双赢

纵观现今成功企业无不是企业与员工的双成功：即企业与员工一荣俱荣，一损俱损。企业竞争归根结底是科技员工的竞争。传统的人事管理将知识型员工视作企业的成本，当作一种"工具"，只关注员工为企业做出了多大贡献而很少关注员工自身内心的感受，强调对员工的监管和控制，忽略了员工自我价值实现的需要，继而影响他们的工作绩效甚至导致员工离职。双向忠诚研究为企业提供了一个全新视角，能够让企业意识到人力资源管理应该以员工为核心，以心本管理为出发点，从员工内心出发，发挥员工的主观能动性，视其为资本，有效开发人力资本，促进民营企业知识型员工的职业发展和人生价值的实现，促进民营企业与知识型员工的双赢的实现。

3. 实现民营企业知识型员工队伍的高度稳定

毋庸置疑，民营企业在我国扮演越来越重要的角色，由于发展较晚，经营管理理念落后，管理水平低下是制约其发展的重要瓶颈：存在着家族式管理浓厚、人力资源管理短缺、过分依赖核心少数骨干员工等特点，特别是对急需关键岗位的科技创新人员存在"稀缺的人才招不到，想进的人员不愿要"的结构性矛盾。大多数民营企业在初具规模后，往往满足于既有的成就，因循守旧，有的民营企业经营者渐渐丧失了创业之初的激情和持久的动力，对留住人才不够重视。知识型员工多元化的个性需求使其所追求的目标不仅是薪资、职级，更追求自我价值的实现、广阔的发展空间、真正能够一展身手实现人生理想的舞台、愿意并且能够面对更大挑战的机遇。

民营企业知识型员工不断被猎头公司"挖墙脚"的现象，在一定程度上破坏了企业人才梯队建设的稳定性。我国民营企业知识型员工流失率较高是不争的事实。就民营企业内部而言，尤其是招募、甄选、培训、实习之类的成本损失常让企业觉得不确定性过高，更为严重的是流失员工带走的关键技术及关系客户等无形损失更是无法计量，影响企业的正常发展。所以如何打造一支相对稳定的知识型员工队伍，如何让优秀的人才"进得来、留得住、干得好"是业界需要解决的紧迫问题。双向忠诚管理运用感情留人、待遇留人、事业留人等方法，通过国内外最新的股权激励措施，应用心本管理下的幸福管理模式，打造一整套全新的理念与切实可行的方法措施，达到民营企业知识型员工队伍的高度稳定的目的。

五、研究方法与章节安排

（一）研究方法

本书在文献研究的基础上通过问卷调查、访谈和数理统计分析，得出研究结论。在统计方法方面，采用 SPSS17.0 软件及 AMOS6.0 进行统计分析；运用经济学的博弈分析和管理学的知识型员工需求分析，构建提升民营企业与员工双向忠诚的激励与约束机制研究。

1. 文献研究

通过昌北高校图书馆联盟：包括 CNKI 中国学术期刊数据库、万方中国学位论文库、江西财经大学论文库、中国社会科学引文索引（CSSCI）等中外文数据库进行相关内容检索，梳理了有关企业忠诚、员工忠诚、工作满意度和员工离职倾向的相关理论和文献，在综合比较分析的基础上，找到专家达成共识的观点和现有研究空白与不足，结合本书研究目的，构建研究框架，假设理论模型，运用理论分析和逻辑推理得出研究结论。

2. 专家访谈和问卷调查

在确定研究对象的基础上，有计划地收集民营企业家、职业经理人、知识型员工等相关内容的数据。在对所提出的研究对象充分明确的基础上形成了问卷的初步选项，充分听取专家的意见，整理出问卷的框架。对知名企业家和学术专家采用分组讨论、案例研究、头脑风暴、深度访谈等形式，对民营企业家对员工的期待及评价以及知识型员工自我价值观、工作满意度及离职倾向的相互关系和内在机理进行分析，充分听取专家教授的意见，整理出问卷具体题项，在调查问卷的基础上对数据进行比较和分析、综合、归纳，找到规律性的方法和结论。实地访谈贯穿研究的整个过程，积累了大量的第一手材料，使研究者获得了较好的感性认识。

3. 实证研究

实证研究认为现实世界是客观的并且可以通过实验反复检验，虽然每次实验有系统误差与测量误差，但可以通过科学的方法把这些误差缩小到最低程度。正是这种现实世界客观规律和事实的存在，使得研究者可以对研究对象进行科学的测量和检验并以此来解释、预测变量间的因果关系，以此进行预测和判断。本书首先确定各个测量变量的内涵和组成内容，形成初始预调查问卷，然后结合小样本调查数据对量表测量项目进行探索性因子分析，调整和删减不合理的选项，筛选出确定版的问卷。以江西、安徽两省民营企业家、核心知识型员工为研究对象，设计自我价值观、组织承诺、工作满意度和离职倾向等方面的调查问卷对研究内容进行测量，采用 SPSS17.0 软件及 AMOS6.0 统计软件运用描述性统计分析、探索性因子分析、验证性因子分析、二阶因子分析、结构方程模型等开发企业与员工忠诚量表，验证企业与员工忠诚的形成机理，使用测量数据对所提出的研究假设和理论模型进行实证检验，为企业与员工忠诚度的科学评价奠定了基础。最终，在运用企业与员工双向忠诚关系博弈分析的基础上，结合知识型员工的需要、企业发展战略、周边环境、资源要素等因素分析构建提升企业与员工双向忠诚度的约束与激励机制。

（二）各章安排

本书共有八章，各章的内容安排如图 1-1 所示。

第一章　绪论	→	1.研究背景 2.研究的预期目标和研究价值 3.各章内容安排
第二章 文献综述	→	1.双向忠诚理论述评 2.组织公平理论概述 3.领导部属交换（LMX）概述 4.工作满意度、权力距离、离职倾向理论简述 5.组织氛围研究简述
第三章 双向忠诚的博弈分析	→	1.博弈论应用于双向忠诚的可行性分析 2.企业家与职业经理人之间的博弈 3.企业与员工之间的博弈
第四章 双向忠诚内涵结构的 质化研究	→	1.双向忠诚的相关变量 2.双向忠诚的研究内容、思路 3.双向忠诚的研究方法与研究过程 4.双向忠诚的实质内涵
第五章 双向忠诚的影响 因素的分析	→	1.目标与价值观对双向忠诚的影响 2.周期理论对双向忠诚的影响 3.组织氛围对双向忠诚的影响 4.组织公平对双向忠诚的影响
第六章 企业与员工双向忠诚 的机理研究	→	1.理论模型构建 2.研究假设与理论延伸 3.人口学、组织学变量对双向忠诚的影响 4.研究方法、程序及结果分析与讨论
第七章 提升双向忠诚度的 措施	→	1.提升双向忠诚度的相关激励理论 2.提升双向忠诚度的激励与约束机制体系构建 3.研究结果分析与讨论
第八章 总结与展望	→	1.研究结论 2.理论与实践价值、主要创新点 3.研究的不足之处与未来研究展望

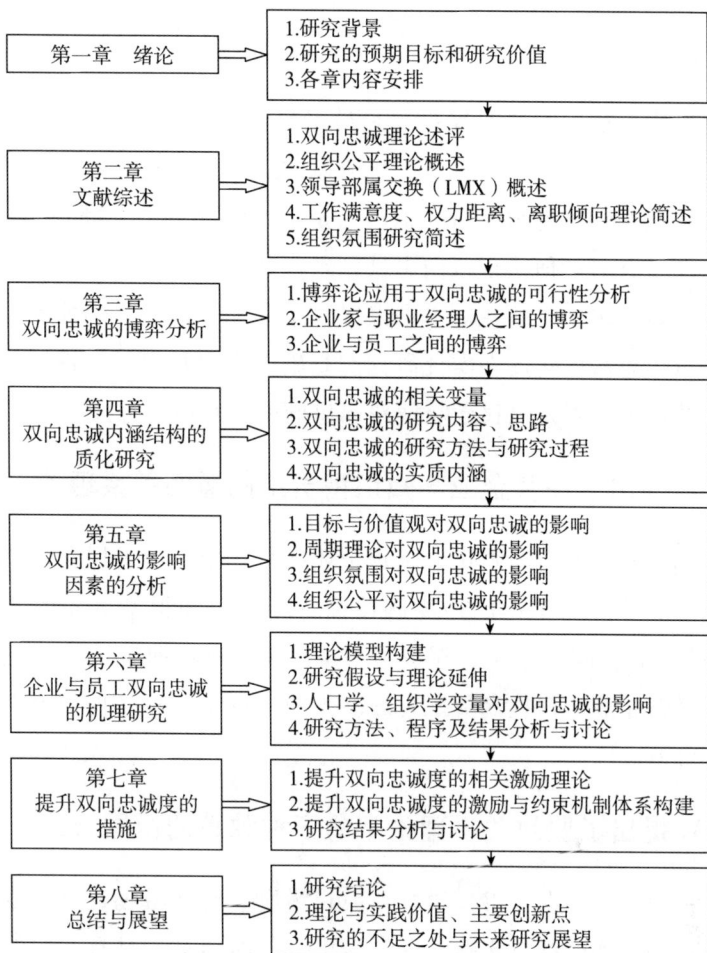

图 1-1　总体研究结构

六、研究特色与创新

本书在以下方面有所创新。

（一）角度新

目前研究存在一些局限性：一是员工忠诚研究多，双向忠诚研究少，从民营企业文化的高度来研究员工忠诚度的工作较少；二是从契约理论角度研究多，从盟约理论角度研究少；三是定性研究多，定量研究少；四是现有研究还没有对如何实现双向忠诚创新模式等问题进行系统分析，这也正是本文的研究出发点所在。本书以民营企业知识型员工为研究对象，从企业应对员工忠诚的角度在实证研究的基础上得出科学的结论，针对问题提出相应的措施，对提高民营企业双向忠诚度具有借鉴意义。

（二）提出了民营企业与知识型员工的盟约关系理论

本书将双向忠诚内涵固化为民营企业文化，使之成为民营成功的内在规律，第一次从盟约理论的角度阐述民营企业与知识型员工的双向忠诚（企业与员工的合同关系—心理契约—盟约关系—双向忠诚）问题，丰富和发展了民营企业如何提高员工忠诚度方面的理论，对其他研究者具有一定的参考价值。

（三）提出了盟约关系理论下的三种独特的激励方式

三种激励方式分别是幸福激励、股权激励、时间激励，这些激励的新措施与新方法，理论结合实践，深入浅出，与时俱进，具有一定的可操作性与可推广性。

另外，本书运用案例分析的方法。其一，在第七章中以华为公司与方太公司为例对股票激励制度进行了分析，并在此基础上对案例进行了归纳与总结，得出一般性的结论用以指导其他中小民营企业。其二，运用数理统计研究方法。综合采用多种方法特别是采用实证方法对民营企业知识型员工忠诚度现状以及提高知识型员工忠诚度的措施进行分析研究，有效地增强了研究的信度和效度。具体运用 SPSS17.0 与 AMOS6.0（SEM）软件进行检验与测试。

第二章
文献综述

一、双向忠诚研究的缘起与发展

（一）企业对员工忠诚的反思

员工忠诚一直得到社会精英与管理者的高度青睐与重视，而从员工角度出发的企业对员工忠诚却一直被漠视。两者相比为什么在大众的视觉中会有如此大的反差？当代学界对这些问题为什么缺乏深刻的反思？其中的原因主要有两点：一是受中国传统历史文化的影响。在我国社会中，企业普通知识型员工这个词语表述了一种普通平庸、芸芸众生的形象。我们把企业员工形容成消极的胆小鬼一样的人，他们人云亦云、缺乏想象力和主见，像工蚁与蜜蜂一样，发表的意见也是嗡嗡的噪声。中国传统文化中占主流地位的文化也一直主张着"学而优则仕"（《论语·子张篇》）的理念。虽然传统儒家文化的思想主流是好的，但也有一些糟粕，具体表现在：读书做官，当官发财。"修得文武艺，卖于帝王家"；"早为田舍郎，暮登天子堂"成为王权专制下平凡人梦寐以求的境界。说得通俗就是个人的幸福就是当大官挣大钱、光宗耀祖（胡宇辰和詹宏陆，2014），人们有了学识与才能就应该去求仕途担任领导者，这样才能做人上人，治国平天下，才算是有出息有前途，才能衣锦还乡。持这种观念的人在现今社会中仍然大有人在。二是人们一直认为员工忠诚更重要。当企业追求做得更好时，很少讨论企业对员工的忠诚，把更多的注意力放在什么能使员工更加忠诚上，这个组织就成功了。这种观念忽视了企业需要领导者对员工忠诚支持来实现他们目标的事实。

随着网络技术革命的兴起和信息产业的发展，企业等社会组织变得越来越开放，环境的变化和不确定性使员工尤其是一线知识型员工的重要性越来越突出，华为公司一线员工的"少将连长"、"三优先与三鼓励"的做法引起了学界与业界的反思，对普通知识型员工被动消极的认识也转为积极独立。

企业对员工忠诚的反思是从20世纪80年代开始的，到如今已有三十余年。当初人们只是隐约地认识到员工忠诚是双向的，没有认识到企业对员工的忠诚与员工对企业的忠诚同等重要。现在无论是学界还是业界，人们对知识型员工在企业组织中的地位和对组织发展的重要作用的认识都有较大的飞跃。"反思"奠定了当代学界对企业对员工忠诚理论研究的思想基础，也对双向忠诚理论的发展产生了重大的推动作用。

（二）忠诚研究的缘起

据考证，"忠诚"一词最早出自于《荀子·尧问》："忠诚盛于内，贲于外，形于四海。"意思是忠诚充满在内心，发扬在外表，体现在四海之内。《说文解字》中指出："忠，敬也，从心。"《现代汉语词典》将忠诚解释为对国家、对人民、对他人的尽心尽力。

早在1908年，美国哲学家Josiah Royce在 *The Philosophy of Loyalty* 一书中提出"忠诚有一个等级层次，处于底层的是对个体的忠诚，然后是对团体，最顶端的是对价值和原则的全心奉献"。他指出了忠诚的三类表现，一类是忠诚于个体，即对某个人的忠诚，如对雇主或太太；一类是对团体的忠诚，又称集体主义；一类是对一些原则的忠诚，如信仰或操守。

1. "忠"的含义

忠，就是设"中"于"心"，而且不偏不倚、不浅不深，对于自己所坚守的信念稳如泰山，坚如磐石。从这一角度就可以看出"忠"的原初含义。大致可以推知，"忠"的原初含义包含三个层面。

（1）上级的层面，是统治者要求被统治者做到的行为规范，也就是对权威中心的服从。《沦语·八佾篇》说："君使臣以礼，臣事君以忠。"君主对待臣民以礼遇，则臣民对君主做到真正尽忠心。再把这个泛化到一般上下级的关系上来说，就是上级对下级要受到"礼"的约束，并有"礼"的规范，而下级则因为受到上级的重视与尊重，自然而然地激发出强烈的"忠心"，同时表现出"忠勇"的行为规范。这个双向规范里面包含了操守、气节或品质的意义。

（2）中间的层面，是对岗位角色的尽责。东汉许慎《说文解字》释忠，这样说道："忠，敬也，从心。"朱熹指出，"发己自尽为忠"。在这里所说的"忠"，就是抱着审慎虔诚的态度和崇敬之心，这样就能在行为上表现为一以贯之。

（3）下级的层面，是对公平正义的追求，指竭尽全力以待人处事的一种心理状态，既可以是忠于人，也可以是忠于事、忠于理。这是一个价值取向的问题，也是真正支撑"忠"观念和"忠"的信仰更深层次的道德心理品质。"忠"与"中"古义相通，"中"就是中间，有正、直、不偏、不邪的意思。董仲舒关于"忠"理论中最引人注目的观点就是"一中为忠，二中为患"："心止于一中者，谓之忠；持二中者，谓之患。患，人之中不一者也，不一者，故患之所由生也。是故，君子贱二而贵一。"《忠经》里，对"忠"的释义为"中也，至公无私"。也就是说，真正的"忠"是有原则性，忠并不是盲目地服从于"老板"。真正的"忠"只是对那些中正、合义的事的竭心尽力，这体现了"忠"的主体在行为过程中的价值选择。

2. "诚"的含义

"诚"范畴的产生根据人类保存至今的史料记载，"诚"字最早出现于西周，到春秋战国时期，翻阅儒、墨、道、法四家史料无不述及"诚"字。"诚"字与诚实、信用、信任相联系，"诚"字在春秋战国时期已经开始为人们广泛使用，考其含义，多作副词"确实"讲，然而在道家和法家的思想中，"诚"也有真、诚实、真实的意思。他们对"诚"的这种理解，随着几家学说的相互影响渗透，为"诚"范畴具体含义的确立奠定了基础。但"诚"的观念早在"诚"字出现前就存在并深植于人们心中。为什么要有诚？"诚"的观念最早源于人们在生产实践活动中所形成的人与人之间的相互合作与信任的关系。人类社会的初期，生产力水平极为低下，个体无法脱离集体而存在，否则就意味着绝种与灭亡，个体对集体忠诚，就必须取得其他大多数成员的信赖。可以看出，在古代的观念里，诚和信互解，于是，后世就连用成词，这就有了"诚信"这个词汇。宋明时期，从周敦颐到朱熹等儒家学者经过不断的理论探索，再后来，经过对前人成果的不断丰富和发展，逐渐形成了现在对"诚"的统一理解，这也就是朱贻庭主编的《伦理学小辞典》中对于"诚"的解释："真实不妄、诚实无欺。"

所谓"真实无妄"，意指"诚"就是客观存在的实理。它不仅是天之道，而且还存在于人性之中，所以，人应该保持人的本性，是其本来就是真诚友善，而无任何私心杂念。"诚"的这种含义来源于儒家对天道的理解和概括。

所谓"诚实无欺"，就是指人要真实地对待自己和他人，既要表里如一，又不能欺骗他人。朱熹不仅概括出了"诚"有"真实无妄"的意思，而且还提及"诚"同时具有"诚实无欺"的意思。

综上，"忠"的根本要求是全心全意，尽心竭力；"诚"是真实无妄的态度和言而有信、脚踏实地的行为；"忠诚"合起来是指以中正方直的心理，全心全意地对待自己所从事的事业、所献身的组织和所面对的人、物（朱贻庭，2004）。

（三）我国传统忠诚思想的演绎与批判

可以毫不夸张地说，中国历史就是一部忠诚演进的历史，在中国古代，"忠诚"是十分重要的伦理概念，支配和影响着几千年来的中国人的思想行为，也影响了中国的政治进程，在2000多年漫长的封建社会，儒家思想是中国传统文化的主流，中国传统忠诚思想的历史演进可以从以孔子、孟子、荀子、董仲舒为代表的儒家经典思想上找到清晰的发展脉络。

我国传统忠诚思想源远流长，博大精深，而且有其积极的深刻影响。从历史角度来看，是数千年来中国传统文化精髓的积淀与发展，从哲学角度来看，是一种服从于宗教信仰或皇权权威的价值取向，从伦理和社会制度来看，又是一种保持官员清明廉洁、促进社会安定的政治规范。但是"愚忠"思想与奴性道德在中国漫长的封建专制时代存在，传统的忠诚思想也存在着否定的、负面的、消极的影响。在封建社会，忠诚其实更多、更大程度地体现为"臣对君"、"子对父"等的单向义务上，在某种意义上，忠诚本身就是法律、契约、命令，忠诚的践行。当然对历史人物的评价不能以今人的价值观为标准，但也说明，传统的"愚忠"虽然维护着封建政治秩序的纲纪，但同时也成为了压抑人性的心理枷锁，是中国没有成为现代文明发源地的间接原因之一。

（四）西方忠诚理念的演变

在英文中，与"忠诚"意义最为接近的词应该是"Loyalty"，意为"忠实、忠诚，不易动摇的、坚定不移"。Paul R. Goldin（2008）从语言学的角度指出"Zhong"与"Loyalty"的互译问题，认为在我国东周列国时期，"忠诚"与"Loyalty"两个词的含义实际上基本一致。另外几个与忠诚相近的英文词汇，如Fidelity，意为"忠诚"、"忠实"，通常指忠于职守、义务或责任；Allegiance，则指对自己的国家或政府忠心，被看作是一种义务；Fealty，曾用来指臣仆对封建主的绝对顺从、忠诚，现主要指对自己支持的事物或人表现忠诚（王刘玉，2001）。从以上分析可以看出，中西方学者对忠诚的解释在伦理学上具有一致性，如忠诚的对象、忠诚内涵的动态变化等，但因中西文化背景的差异，对忠诚内涵的各自解释尚存在着一定的差异性，如忠诚对象的重要性方面、忠诚内涵的阐述方面等，二者的语义在某些方面虽基本一致，但不同历史环境与文化背景对于同一概念还是应该进行本土化的研究方能体现其价值。不同时期的西方忠诚理念如表 2 - 1 所示。

表 2 - 1　不同时期的国外研究学者对忠诚的定义

研究者	时间	关于员工忠诚的界定
Royce	1908	忠诚是个人对某个特定对象的奉献或情感上的依附，这个特定的对象可以是另一个人、一群人、一种理想、一种责任或者是一项事业
Porter 等	1982	员工的组织忠诚看作为一种态度，认为员工忠诚的本质应该是员工与组织的联结
Van Dyne 等	1994	员工忠诚看作是一种行为
Smith	1965	忠诚是一种牺牲奉献，为他人的利益而设身处地思考，并且有能力感受和认同他人的利益
Hume	1967	
Hirschman	1970	员工在情感上对组织的依附；忠诚是呼吁和退出的替代选择，忠诚的员工会拒绝退出，哪怕遭受冷遇也会充满信心地认为一切会变得更好，即耐心地等待环境有所改善的行为
Getchell	1975	员工具有愿意继续为同一企业工作的倾向，而不会有离开该企业的倾向
Mever 和 Allen	1990	将员工忠诚与组织承诺等同起来，认为员工忠诚涵盖了情感承诺、持续承诺以及规范承诺。简单地说，分别意味着"我不得不忠诚"、"我要忠诚"和"我应该忠诚"
Vandekerckhove 和 Commers	2004	理性忠诚的对象不是企业的建筑、总裁、董事会、同事等具体对象，而是企业组织中明晰的使命、目标、价值观和行为准则

研究者	时间	关于员工忠诚的界定
Richard	2005	员工忠诚是员工感知到自身与企业之间的关系充满了互惠的预期，二者之间持久的依附关系、面临选择时的自我牺牲和负有责任
Hart 和 Thompson	2007	员工忠诚是员工感知自身与企业之间的关系充满了互惠的预期，二者之间持久的依附关系、面临选择时的自我牺牲和负有责任

二、员工忠诚与双向忠诚的内涵

（一）员工忠诚在不同阶段的定义

根据现有文献资料：1924 年 Clayton L. Jenks 最早将"忠诚"概念引入企业组织环境中。员工忠诚随着人们研究的深入和时代的变化而内涵的侧重点也有所不同。员工忠诚包含着两种不同对象的忠诚：即个体的忠诚与对集体组织的忠诚。前者如员工对领导与主管的忠诚、员工对同事的忠诚等；后者即员工对企业组织本身的忠诚，对企业组织本身整体目标、愿景、价值观、企业文化等的忠诚。随着社会形势的发展，不同领域的学者对其含义的界定视角各有侧重、各有偏颇。至今尚无一个学界与业界皆认可的定义。本书根据时间脉络梳理了比较有代表性的六个员工忠诚定义如表 2 - 2 所示。

表 2 – 2　国内研究学者对员工忠诚的定义

研究者	时间	关于员工忠诚的界定
郑伯	1988	员工对公司或老板具有一种长期的、持久的自发性责任，能将公司或老板的目标视为个体最重要的目标
郑纪莹	1996	员工基于某种特定因素，在心理上顺服并认同组织，相信公司会提供所需的照顾与支持，而愿意以行为表现尝试实现组织目标以及利益最大
姜定宇等	2003	经由拟家族化的历程使个人角色与组织紧密结合，而愿意将组织的利益置于个人利益之上，并且主动为企业组织付出
杨帆和郎福臣	2005	员工忠诚是员工对于群体、企业组织所表现出来的尽心竭力的行为指向和心理归属，是行为忠诚和心理忠诚的有机统一。包含五个依次递进的层次：满意和喜好感，稳定、信任和认同感，责任和使命感，归属感，贡献感和回归感
骆兰等	2006	员工忠诚以对组织的认同为基础、情感上与组织紧密相连、自愿将组织利益置于个人利益之上，并持续地为之奉献和付出。具体表现在三个方面：忠诚的员工必定在态度和行为上均有所表现；忠诚的对象不局限于企业和主管，还有对职业的忠诚等；忠诚的内容包括认同、感情投入和义务感
周丽	2009	员工忠诚是员工认同所在组织的文化和价值观，对企业有归属感，主动地对企业牺牲奉献，旨在实现组织目标和员工自身价值最大化的长期过程

（二）本书对员工忠诚与双向忠诚的定义

经过上面的分析，本书对员工忠诚做的初步界定为：首先，将员工对企业组织的忠诚与对领导、主管的忠诚统称为员工忠诚；其次，员工忠诚是对企业有归属感，认同所在企业组织的文化观和价值观，发自内心与积极主动地对企业牺牲奉献，并帮助企业实现组织目标，在此基础上，员工同时追求自我价值的实现（自我价值最大化）的长期过程。

从该界定可以得出员工忠诚的特点：①对象性。员工忠诚的对象可能是企业组织中的某个领导或主管，也就是员工被某个领导或主管的个人魅力所吸引并产生员工忠诚，随有魅力领导或主管的岗位变动而变动，随其离职而离职。但综合来看，企业组织仍然是其职场发展获得利益的根本保证，个人利益的实现也是通过领导或主管利用组织资源来实现的。②主动性。员工忠诚的过程是一个员工主动地为企业的发展以及自身的发展而敬业奉献不断付出的过程。③长期性。员工忠诚不是一个时点概念而是一个时段概念，伴随员工不同职业发展期，员工忠诚度会受到各种各样因素的影响，会发生动态变化。中国人所说的忠诚一词中本身就包含了持久性，其他短暂的交往一般不用忠诚这一概念，而只是用认识、有过接触、打过交道、面熟而已、有点来往、交情不够深等词，但这些词均不表示双方之间有关系。对比忠诚和西方的社会交易（Social Transaction）时，一般认为忠诚通过长期持续的联系和交往得以维系和增强，西方的社会交易通常被视为一次性发生的事件，其目的是维系每一次交易的平衡，关注交易的直接收益。④可能的互惠性。员工忠诚是前提条件，只有在员工忠诚度较高的条件下企业才有可能（不是一定）帮助员工实现个人目标，当员工感知企业组织的信任、支持、公平，并且对企业文化产生认同感时，员工对企业才有归属感，才会以更高层次的忠诚态度和做出更高层次的行为来回报企业组织，在这个不断的互动过程中，有可能形成良性循环的双赢局面，但是这个过程必须是以作为强者的企业主动对员工忠诚为前提。⑤目的性。对每个员工个体来说，在对组织的付出过程中，除工薪报酬外，希望获得职业能力的提升和自我价值的实现，在不断付出中，员工个人价值得以体现。在企业组织方面，一个个员工个体忠诚的增长汇总起来就是企业绩效的增长，是企业获取可持续增长的动力。⑥有形性。忠诚的人通过正式和非正式、书面和非书面的企业文化、信任规范、宽容互惠和平等实现对彼此的认可与承诺。忠诚的有形性特点就像是活动的游戏规则，忠诚的形式与内容人人必须遵守，否则该游戏将无法进行下去。员工是否忠诚都可以通过一定的外在形式得以检验。

　　根据以上分析，本书对双向忠诚的定义：双向忠诚应该是一种基于高层次心理契约基础上的盟约关系，就是指企业组织和员工个体之间建立起来的，以双方的信任和资本互补性为基础、合约为保障和约束的一种合作关系。最终得到员工个人自我价值得以实现与企业实现价值最大化的双赢局面。

（三） 员工忠诚与双向忠诚的价值

1. 员工忠诚的价值

周丽（2009）从员工自身与员工对组织两个方面全面系统论述了员工忠诚的价值。从员工自身角度来讲：①人类有忠诚的能力，更有忠诚的需要，所以员工也有忠诚的需要。②忠诚会给予员工工作的意义。也就是说员工通过工作与劳动体会到自身价值，一定程度上，员工的工作环境可以塑造员工对自我的判断与对自然世界的认知。③忠诚可以开拓员工的心灵世界，员工对企业组织的忠诚通常是有益的，这种忠诚使得人们的生命更有价值，而这对于人类精神世界的丰富非常重要。从员工对组织忠诚的角度来讲：员工忠诚对企业的价值是无可替代和不可估量的。首先，忠诚的顾客与忠诚的员工密切相关。员工忠诚会引发一系列的经济效应，具体表现在业务量、人力资本、生产成本、生产力水平、资本、企业形象上。其次，员工忠诚有助于员工对企业产生归属感。在长期的就业关系中，日本企业的年功序列制可以预测若干年后职业发展路径，鼓励员工努力工作，使员工享受企业未来发展的福利，由于具有可预期的长期工作期限及未来的可能职位，员工会产生一种归属感和对企业组织有较高的信任感，这使得员工为企业全身心地牺牲与奉献。同时，企业可以收获员工长期努力工作带来的收益。最后，员工忠诚使企业可以节省大量成本，具有成本有效性。因为，企业为员工提供职业保障的边际成本低于招聘、聘用及培训新员工所花费的成本。一方面，知识型员工离职对于企业组织非常有害，尤其是现代高科技服务型软件电子行业，离职率特别高，新员工缺少经验和技能会给顾客带来不便。稳定的员工队伍可以降低招聘成本及培训成本，节省的资金就可以用于企业其他方面的发展。有研究表明，雇用老员工的费用比雇用新员工的费用要少得多。另一方面，具有离职意向的员工会消极怠工，其较低的忠诚度同样会对企业造成不可预测与不可计量的危害。员工流失极大地损害企业的形象，影响顾客的忠诚度，造成顾客的流失；而且导致企业的工作连续性受到严重影响，商业机密外泄等；同时，员工人心不稳，无法形成稳定的企业文化，使企业缺乏凝聚力和战斗力等。

陈惠春和张志平（2005）指出员工的价值体现在：提高效率、保留顾客、培训新员工、节约成本、引进新人才、节约培训费用及管理费用等方面。

陈惠春和张合林（2004）提出了三维忠诚链及其理论基石，三维忠诚管理是企业致力于顾客、员工和投资者的零流失率，并赢得三者忠诚的经营管理战略。具体来说，就是企业仔细地挑选顾客、员工和投资者，设法为顾客创造巨大的价值，向员工赋予诱人的利益，给投资者派送优厚的利润，以此吸引并留住他们，与他们建立长期的伙伴关系。顾客、员工、投资者三者相互关联，互为因果。

康锦江等（2006）在三维忠诚链基础上加入企业因素提出四维忠诚管理的概念。他们对员工忠诚价值给予充分肯定，提出了事业、感情、待遇三留人做法，并系统分析了顾客、员工、投资者和企业四者之间相互依存、相互制约、共同发展的关系，提出由四者组成生态圈的概念，并给出了顾客忠诚、员工忠诚和投资者忠诚在企业管理中应用的若干对策，建立了四维忠诚管理模型即忠诚体系。

2. 双向忠诚的价值

双向忠诚的价值研究几乎为空白，综合前人的研究并结合社会实践，双向忠诚具有构建社会秩序，营造和谐社会；减少内耗，树立良好的社会形象与口碑的积极作用。

（1）构建社会秩序，营造和谐社会。企业与员工在社会影响、资金、力量、执行、处事方法等方面均有较大的不同，不可同日而语，但是企业不管再大再强，均是由单个员工组成，每个员工都是集体的重要组成部分，这样就形成了高与低、大与小、强与弱、尊与卑、集体与个体的差别。如何处理两者关系成为企业管理必须思考的问题，解决这些问题就要借鉴中国传统的伦理观念。费孝通在《乡土中国》一书中有这样的描述："伦重在分别，在《礼记》祭统里所讲的十伦：鬼神、君臣、父子、贵贱、亲疏、爵赏、夫妇、政事、长幼、上下，都是指差等。'不失其伦'是在别父子、远近、亲疏，伦是有差等的次序。"他又说："其实在我们传统的社会结构里最基本的概念，这个人和人往来所构成的网络中的纲纪，就是一个差序，也就是伦。"

黄光国（2004）在分析《中庸》时提了两个社会知向度（Social Cognitive Dimensions）来衡量彼此之间的角色关系，即"亲疏"和"尊卑"，前者指彼此关系的亲疏远近，后者指双方地位的尊卑上下。"亲其所当亲"是仁；"尊其所当尊"是义。

梁漱溟（1996）对中国传统理论的尊与卑研究最为通俗，他指出："如果谁也不卑而平等一般起来，那便谁也不能管谁，谁也不管于谁，天下未有不乱的。"他接着又说："几千年来维持中国社会安宁的就是尊卑大小四字。"

从社会伦理的角度看，双向忠诚的观念可以说是为理顺高与低、大与小、强与弱、尊与卑的关系奠定了理论基础。员工忠诚于企业，企业更要忠诚于员工，两者是缺一不可的统一体，而整个社会是由大小不同的企业单位所组成的，企业内部关系和谐了，整个社会秩序也就更加安定，双向忠诚的价值得以体现。

（2）减少内耗，树立良好的社会形象与口碑。企业对员工的不忠诚容易造成极端内耗情况的发生——员工罢工：2008年的重庆出租车司机"罢运"事件和东方航空公司"集体返航"事件；2009年吉林"通钢事件"和河南"林钢事件"；2010年的广东南海本田"停工"事件；还有富士康连续几年频繁的跳楼事件；等等。这些事件不仅使企业经济上遭受损失，更为重要的是使企业的社会形象受到无形损害，企业首先必须面对一个不争的现实那就是，我国近几年罢工事件的迭出已经造成企业损失了大量的效率。更甚者，工人罢工的无序化、自发性、突发性等特点给企业稳定的生产、经营造成了非常大的威胁。罢工问题的出现给企业的人力资源管理部门敲响了警钟，企业如何应对罢工，成为了中国企业人力资源部门不得不去思考的问题。而在找到应对策略之前，我们恐怕需要对罢工出现的原因了然于胸。

从一个短期的角度来说，罢工实际上是一种零和博弈。而从长期的视角来看，罢工的结果未必就是一种零和博弈，这取决于企业和员工双方对待和处理罢工的态度。一方面，工人不应将罢工作为解决劳资矛盾的唯一手段，应该将罢工作为一种具有压力和威慑性的手段来运用，不到万不得已不能随意罢工。另一方面，雇主也不能只抱定"治标不治本"的心态，仅仅为了急于平息一次罢工而利用一种压制或对抗性的方法来处理。其结果只能引发第二次乃至第 N 次罢工的出现。雇主和管理者应追根溯源，挖掘造成罢工的深层原因，积极开发预防和应对的措施和策略。

建立双向忠诚的理念与机制就是防患于未然，在造成极端情况之前建立预警机制，将员工罢工现象消灭于萌芽之中，建立公司良好的信誉，使企业良好的社会形象与口碑得以维持。

3. 双向忠诚在生产经营领域中的积极作用

双向忠诚可以使顾客忠诚与投资者忠诚得以实现。具体关系如图 2 - 1 所示。

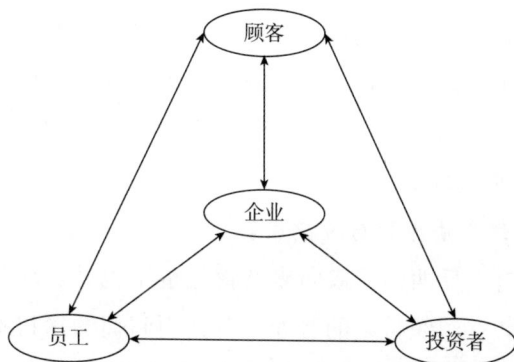

图 2 - 1　顾客、员工、投资者和企业之间关系

顾客是企业生存与发展的前提基础。在顾客获得满意的过程中，一线员工在其中的作用最为关键与重要。满足顾客需求，即提高顾客满意度。随着经济全球化的深入，技术产品有标准化的趋势，同企业之间的产品、服务、价格、环境设计、销售的有形展示甚至营销模式都是相同的。唯一有所不同的是顾客的感官感受：即消费体验。顾客一般是对第一个接触的人或事物产生了信任，才会有更深愿望去进行接触与了解。尤其在服务行业，顾客第一个接触的就是为其服务的一线员工，只有对员工满意并且信任，才会对员工服务的企业满意。只有员工对企业忠诚，理解企业的理念和价值所在，才能引导顾客去理解与感受企业的产品，从而实现顾客忠诚。所以说，员工忠诚是实现顾客忠诚的前提条件，而员工忠诚的前提条件还是企业忠诚。也就是在企业与员工双向忠诚的前提下才有可能去进行。

在忠诚体系中，顾客忠诚、员工忠诚、投资者忠诚与企业忠诚之间是一个封闭而互动的过程。只有企业实现了对员工、顾客和投资者的忠诚与承诺的兑现才能得到他们的肯定、尊重与信赖，最终实现四维忠诚管理。同时，双向忠诚处在核心地位与主宰地位，其他三者与企业之间都是相互促进的过程，是正相关的关系。企业忠诚在整个忠诚体系中扮演着孵化器的角色。员工忠诚引导顾客忠诚，顾客忠诚给企业带来顾客价值，实现企业利润，企业给投资者以投资回报，吸引投资者，实现投资者忠诚，投资者长期支持企业给企业员工创造更好的工作环境与丰厚的报酬，增加员工满意度，实现员工忠诚。企业通过其诚信管理启动整个诚信系统，并在其中不断调节控制，从而达到顾客、员工和投资者之间的价值平衡，最终实现共赢（康锦江等，2006）。

4. 双向忠诚的合法原则与道德原则

任何事物都有正反两面，双向忠诚肯定也不例外。现有的文献大都关注员工忠诚为个人、组织带来的益处，对其阴暗面的探讨不够深入。究竟怎样的双向忠诚在伦理上是可接受的？双向忠诚限度的标准是什么？

双向忠诚唯一的标准应该是：合法原则与道德适合原则。双向忠诚首先应该以不违反当地法律为原则，其次是适合当地的道德规范。尽管有些当地风俗和道德与现代文明不协调。但是跨国企业应该主动规避这些不协调的地方，使之与当地环境一致，否则就是过度的双向忠诚。

国外学者较早研究过度的忠诚引起的负面效应，Silin（1976）指出，对部门领导与主管过度的忠诚导致部门内派系的兴起，造成严重的冲突与倾轧。Janis（1962）指出，过度的员工忠诚导致员工为某个团体、某个主管或领导、某个人的局部利益而工作，这样做的结果不会对企业整体有益处。而过于强调忠诚，也可能产生类似"愚忠"的团体迷失方向，反而降低了整个组织的整体效能。

根据西方的道德准则，过度的双向忠诚是不道德的。西方人将过度忠诚的一方视为"利用"他人，但在中国，过度忠诚创造了一种日后回报他人的义务。只要你最终尽了自己应尽的义务，报答了对方的忠诚，你的行为就是道德的。极端的双向忠诚表现在：①极端的员工忠诚使企业的伦理标准丧失与折中。企业管理层为了实现商业目标而将企业的伦理标准丧失，可能的原因包括过度地追求财务目标以保证企业绩效、帮助组织保持持续增长以及提高主管职业发展。②员工的盲目忠诚也可能使个人易于丧失理性，被当作是企业操纵的工具，成为所谓的"愚忠"。这种情形是在企业对员工过度忠诚的前提下出现的，企业为达到自己某些目的长时间地尽量最大满足员工多方面的需求，使员工产生无法回报的情感，由于时间的积累，员工背负的情感负债无以凭个人能力正常报答，于是只有通过非正常途径甚至以牺牲个人生命为代价回报企业。作为掌握资源多的一方通过付出大量资源（通常是金钱）来换取个体生命来达到组织目标也是一种过度忠诚的表现。③极端的双向忠诚易使员工个人与企业双方走向违法的道路。员工为了企业的利益而对企业组织盲目忠诚，忽略合法性与道德适度，那么忠诚就会削弱与模糊其判断力，这种所谓的"忠诚"会驱使员工去做一些明知道是违法的事情，为了企业铤而走险。当企业的价值或使命出现变化或背离时，就不再值得员工去忠诚，如企业出现腐败、企业管理出现无序化或主管人员过于顾及自身部门利益等，员工在这样的企业继续工作就无法得到自我发展与进步的机会。如果企业已经变得不值得员工忠诚或继续付出，员工就应当解除合作关系，以免双方陷入被法律制裁的泥潭。

三、双向忠诚的相关理论述评

双向忠诚涉及的相关理论较多，主要有心理契约理论、组织公平理论、领导员工交换理论、工作满意度理论、权力距离理论、离职倾向理论、双向忠诚理论等。

（一）心理契约理论

1. 心理契约的概念

美国组织行为学家 Argyris 在 1960 年所著的《理解组织行为》一书中最早使用心理契约（Psychological Contract）来描述下属与主管之间的一种心理关系。

心理契约的概念随着研究的深入而不断发展，具体研究文献如表 2 - 3 所示。

表 2 - 3　心理契约概念的文献回顾

时间	视角模式	人物	心理契约含义
1960	缓和劳资矛盾后	Argvris	提出"心理的工作契约"，但无确切定义
1962	协调组织关系	levinson	"未书而化的契约"，产生组织和雇员关系之间的一种内在的、未曾表达的期望
1965 1978 1980	个体和组织相互关系	Schein	时刻存在于组织成员之间的系列未书而化的期限，是组织行为的重要决定因素
1973	提高公司绩效	Kotter	存在于个体与组织之间的一种内隐契约，将双方关系中一方希望付出的代价以及从另一方得到的回报具体化

时间	视角模式	人物	心理契约含义
1989	以雇员为本	Rousseau	个体雇佣关系背景下对雇佣双方相互义务的理解和有关信念
1993	个体主观理解	Rouinson 和 Kraatz	雇员对外显和内在的雇员贡献（努力、能力和忠诚等）与组织诱因（报酬、晋升和工作保障等）之间的交换关系的承诺、理解和感知
1995	双方价值提升	Tsui 和 Herriot	雇佣双方对他们之间的关系以及向对方提供价值的主观理解
1997	雇员主观信念	Morrison 和 Robinson	一个雇员对其与组织之间的相互义务的系列主观信念，但不一定被组织或者其代理人所意识到
1997	雇佣双方理解	Herriot 和 Pemherton	雇佣关系双方对关系中所包含的义务和责任的理解和感知

2. 心理契约构成分类

彭川宇（2008）认为：企业高层管理者趋向于关系型心理契约，而企业低层员工趋向于交易型心理契约，并非所有员工面临违背时都产生消极的反应和敌对的行为，这就说明在心理契约的违背与员工态度和行为反应之间还存在着大量的调节和中间变量。后来我国研究者加上员工职业规划与员工之间关系因素，即发展维度心理契约，与关系型心理契约和交易型心理契约统称为三维结构说。具体来说，交易型心理契约包括提供有竞争力的薪酬、给予安全感、给予公平感、给予工作自主权、实行弹性工作制；关系型心理契约包括提供良好的工作环境、增加福利保障、告知组织的发展目标、给予适当精神奖励、让员工参与管理、尊重员工、信任员工；成长型心理契约包括提供培训的机会、提供晋升的发展机会、给予明确的职业生涯规划。

心理契约理论研究之所以长盛不衰并引起学界和业界的共同重视，其主要原因在于心理契约的违背与破裂对员工态度和行为以及企业双方都有负面影响，心理契约违背与破裂对员工情感与行为反应的影响十分复杂，包括离职行为的所有不忠诚行为都可以用心理契约理论来解释。

3. 心理契约的特点

（1）内隐性。心理契约没有正式公开的文字记载，而是以心理期望的方式隐藏在双方的内心，双方都期望着对方去了解与猜测并希望对方明确地知道自己内心的真实想法。但是由于这种内心活动所表现出来的方式没有统一规范的格式，而双方对对方心里的真实思想彼此互为"黑箱"——员工的期望与组织的解释不一致，因为双方的体验与要求不同。

（2）动态性。心理契约的本质是一种心理期望，随外界的社会环境以及员工心理的变化而发生改变，随着员工年龄增长，心理契约所涵盖的范围就越广。同时企业对老员工的期望和责任相比对年轻员工所隐含的内容越来越多。没有一锤定音、一成不变的心理契约。由于心理契约没有固定的统一模式与标准，各个组织的心理契约都不同，心理契约在一个组织适用并不一定在另一个组织适用。

（3）地位的对等性。由于心理契约的双方没有文字记录，企业与员工在心理契约中都处于主体地位，分不清主次，地位是完全平等的。

（4）双向互惠性。心理契约是以双方互惠为前提的，只是这种互惠并不是完全符合对方的期望。反之如果互惠的前提被推翻，就变成了心理契约的违背与破裂。

（5）结果的不确定性，心理契约是一种双方的心理期望，这种期望的实现要靠双方共同努力，即使双方努力交流沟通，有时结果也并不一定都能得到满足。

4. 心理契约理论与双向忠诚

Hart 和 Thompson（2008）运用心理契约理论把员工与企业组织之间双向忠诚关系分为对称型忠诚和非对称型忠诚。这便使心理契约理论与双向忠诚紧密结合起来，在当前的社会环境下，企业与员工的不对称忠诚关系更具研究价值，对现实的诠释力也更强。这种不对称的忠诚关系会导致员工与企业双向忠诚度下降，因而对企业的负面影响较大。这种不对称的忠诚关系，首先体现为交易维度与关系维度的错位，如果员工对组织的心理

契约是交易型忠诚，但是却发现组织没有回报交易型的忠诚，由此激发了
不公正感，产生不忠诚行为。换句话说，员工认为他按时按量地履行了劳
动义务，但是组织却不够忠诚。交易型忠诚的不对称性违背了员工对于物
质性回报的预期，其实，企业组织可能是在以其他的形式实践着关系维度
的忠诚，如提供更高的职位给员工以未来的发展。然而，因为员工更看重
短期的交易型忠诚，这就是两种维度的错位。反过来，重视交易忠诚的企
业组织会提供竞争性薪酬和短期的物质待遇给员工，但员工可能没有以按
质按量的劳动这种忠诚方式进行互换，也会使得企业组织感到双向忠诚的
违背。其次体现为完全对称的忠诚关系不存在，也是不可能的，只能是近
似的在一定时期内实现基本对称。

5. 现有研究的不足

心理契约理论随着时代发展而不断变化，对高科技企业知识型员工来
讲，股权激励是以前心理契约理论未涉及的内容，而社会实践证明，股权
激励是实现双向忠诚的最好的心理契约方式。华为公司的"工者有其股"
的模式为心理契约理论增加了新的内涵。具体内容在第七章加以阐述。

随着民营跨国企业的出现，当代国际国内竞争环境的不断变化，企业
组织内部机构形态发生改变，企业运作方式也在发生改变，心理契约理论
的二维结构说、三维结构说的相应内容也在发生着变化。例如，企业组织
结构"扁平化"趋势的盛行使得内部员工晋升的机会越来越少，取而代之
的是组织为员工提供技术更新所需要的进修和培训等。又如，心理契约的
具体内容和结构随外界环境的变化而变化。社会环境、经济环境、文化传
统以及新生代员工都在不断变化，对象差异研究对心理契约理论的丰富很
有必要，因为对一部分员工群体来说是正确的心理契约，对另外的员工群
体可能就是错误的，而这方面的研究相对较少。

（二）组织公平理论

1. 组织公平的概念

Homans（1961）使用社会交换理论讨论社会交换与分配过程中的公平

问题，并非为专门研究组织内公平。Adams（1965）提出了公平理论，揭开了组织公平研究的序章。近40年来，对于组织公平（Organizational Justice）的研究已经成为社会科学领域中的热门话题。组织公平理论研究了利益分配，不仅指薪酬还包括学习、培训、考察、职位晋升、红利分配等所有福利的合理性和公平性对员工的工作积极性和工作态度的影响。Scholl等（1987）把组织公平划分为两个层面：第一层面为组织公平的制度公平，也称为客观状态，是指组织制定的一系列的规章制度。客观上制度面前人人平等，虽然企业内部规章制度可以不断地加以改进与提高，虽说制度面前人人平等但在实际执行过程中很难实现绝对的、普遍的组织公平。第二层面指企业成员对组织实施公平的主观心理感受，称为组织公平感或组织公正感。由于每个人对公平的感知千差万别，所以没有绝对意义上的公平，也没有普遍存在的关于公平统一的标准，简单说就是只有相对公平，没有绝对公平。

本书中的组织公平倾向于第二个层面的含义，即企业中人们对企业与员工雇佣关系中与个体利益有关的分配程序、分配结果和人际互动等的公平心理感受。即使企业制定的规章制度是基于公开公平公正的原则，如果高高在上，脱离实际、没有可操作性，员工接纳和认可度较低，就没有存在的必要。

2. 组织公平的维度与结构

基于不同的研究角度，孔凡昌（2010）等将组织公平结构分为分配公平（Distributive Justice）、程序公平（Procedural Justice）、互动公平（Interactional Justice）三个维度。其他还有人际公平、信息公平等，但研究相对较少，而这些组织公平的不同维度之间相互交叉、相互联系与影响，没有绝对明显的界限，至今说法不一，存在较多争议。

（1）分配公平（Distributive Justice）。20世纪60年代初，对组织公平的研究主要集中在分配公平这一单一维度上。分配公平又称结果公平，是指员工对分配决策结果的公平感受。美国学者Deutsch认为，分配公平指员工对企业的人力资源管理决策结果是否公平的评价。

Homans（1961）提出的社会交换理论（Social Exchange Theory）指出，基于交换目的而在企业组织中承担一定责任与付出劳动的员工个体希望在组织中得到两种预期结果，即与付出相平衡的收入薪酬，以及与他人相一致的报酬与付出之比。

Adams 于 1965 年提出了公平理论（Equity Theory），他是最早研究公平性的学者。他指出，人们期望根据自己对组织的投入量获得相应的报酬，会对自己与他人的投入—收益比率相比较，获得对分配结果的公平感受。这种对比是指自己的总付出（物质与精神方面）与总收入（包括各种隐性福利）之比例。如果发现自己的收益低于投入，或者投入—收益比率低于其他人，就会产生不公平感。分配不公平感引导个体去努力消除这种不适感。

Walster 等（1996）认为，员工对分配不公平采取三种应对措施：首先，当员工感觉自己的收益高于投入时，会在工作中更加努力来回报企业组织，并借此消除可能存在的来自同事的嫉妒、偏见和讥讽。其次，当员工认为收益和投入一致时，会维持目前的工作状态并使之持续下去。最后，当员工感觉自己的收益低于投入时，会采取一系列不利于企业组织的负面措施：如要求组织增加自己的收入或减少被比较者的收入，或者减少自己的实际付出，或者对组织实施报复行为（沉默、加大消耗、消极怠工、拒绝和同事合作甚至损害劳动工具等），最终甚至离职。

（2）程序公平（Procedural Justice）。程序公平最早是从司法环境中产生出来，后来被借鉴应用于管理。Thibaut 和 Walker（1975）提出了程序公平的概念，他们发现如果诉讼当事人在案件审理过程中给予他们发表自己意见的机会，即使这些意见没有完全被采纳，或者最后的审判结果不利于自己，他们也会认为审理过程比较公正公平。他们初步得出结论：在公共行为中，人们不仅只关心决策的最终结果的公平性，也非常关心决策过程的公平性。此后许多学者在研究过程中也发现，人们不仅关心企业的分配结果是否公平，也关心企业的分配过程是否公平。

Leventhal（1980）提出了六个衡量程序公平的标准，分别是：一致性

(Consistency)、无偏性（Bias Suppression）、精确性（Accuracy）、可校正性（Correctability）、代表性（Representative）、道德性（Ethicality）。一致性指分配程序应该不受时间、地点和对象的控制，保持一致；无偏性指分配程序不应该有个人的私利和偏见；精确性指制定分配程序时收集并运用准确的信息；可校正性指基于员工提出的异议，有修改错误决策的机制；代表性指分配程序能够代表和反映所有相关人员的利益；道德性指分配程序必须符合一般能够接受的社会道德与伦理标准。

Colquitt 等（2001）提出了程序公平的"发言权"观点，即人们不仅关心企业的分配结果是否公平，也关心企业的分配过程是否公平。在企业分配过程中员工应该享有一定的参与权利。

（3）互动公平（Interactional Justice）。分配公平与程序公平维度被提出以后，研究人员发现，这两个维度并不能满足员工最终的组织公平感。虽然员工有发言权可以表达自己的观点和看法，但在发言的过程中并不能得到满意的解答，或者在决策执行的过程中提出其他意见时得不到上级的理解与尊重，仍然会产生不公平感。

Bies 和 Moag（1986）开始注意在分配公平与程序公平实施过程中人际互动对公平感的影响，称之为互动公平。

Folger 和 Cropanzano（1995）认为，一项决策大部分情况下都是由两部分构成的，一部分是企业组织中的制度与结构框架，另一部分则是政策与制度的决策者和接受者之间的互动关系。这种互动关系给决策接受者带来的公正感，即为互动公平，或称交际公平，具体是指交流的员工个体感到的与组织其他人员之间交往的质量如何。如果在决策执行过程中员工接收到充分的信息并有机会参与提出自己的建设性意见，受到尊重、参与决策，则不管执行后的结果是否公正与公平，员工个体仍然会觉得这种分配是公平的。所以说互动公平侧重点在于决策结果实施过程中员工个体如何被对待的感觉。

程序公平和互动公平具有相似之处，所以说把互动公平作为一个独立维度的观点存在争议。有部分研究者认为，尽管其目的指向不同，程序公平和互动公平都可以看作分配决策过程的一部分，即程序公平侧重分配过程的正式规章制度方面，而互动公平则是侧重这个过程的社会交往方面。

3. 组织公平与双向忠诚

"种瓜得瓜，种豆得豆"，如果员工投入的是忠诚，那么，员工的产出就是"企业对员工忠诚的回报"；如果员工投入为"加倍的努力"，那么，员工的产出就是"加倍的报酬"；如果员工的投入为"创新技能"，那么，员工的产出就是"个人的发展与成长"。中国传统文化是"不患寡而患不均"的公平思想，也就是不在乎分配总量的多寡，而在于分配的公平。当员工的总产出等于总投入时，会感到组织公平的诚恳对待，这是影响员工忠诚动机的重要心理因素。华为公司曾流行的"决不让雷锋吃亏"的口号就是这种组织公平理念的具体体现，当员工创造出巨大的超额价值时，表面上看是利他的，实际是被所感知的可视化公平交换所激励造成的。因此，基于公平交换的理念，将企业投入的增加定义为知识型员工忠诚的增加，就对应着员工所创造的额外价值在不断地增加。基于组织公平理论进行研究将更加贴近我国民营企业知识型员工的实际情况，本书的结论也将更有价值。

4. 现有研究的不足

虽然组织公平的理论研究已经取得了丰富的成果，形成了较为系统的体系，但仍存在着一定缺陷与不足。

（1）组织公平理论与本土文化环境难以"接地气"。西方关于组织公平的研究大多基于物质资源的分配公平，组织内分配公平也是严格按照资本的比例进行分配的，更关注员工与组织基于公平交换原则的纯粹物质利益关系，较少考虑物质利益外的情感与人情因素，中国传统文化强调家庭气氛特别是对家族企业而言，重视和谐、鼓励团队精神。家族内部利益不是严格按照资本的比例进行分配的，文化上的差异造成中国人的组织公平结构也有所不同。

国内对组织公平研究起步较晚，大部分都是直接应用西方现有研究，缺乏自上而下与自下而上的理论构建。组织公平的研究源自西方，其逻辑思维方式以及实证研究分析多建立于西方社会组织与文化范畴内，构建模型的前提假设与中国国情有较大差别，所以得出的结论肯定有所出入。而且，国内对组织公平理论应用的研究缺乏针对性，没有对不同的组织及成员群体进行划分，也缺乏深入的实证研究。

（2）组织公平结果变量研究的不一致。前面说过，由于中外组织环境与文化背景的差异，作为组织行为学研究变量的组织公平，其结果变量很可能产生不同甚至巨变，对于组织公平的结果变量，中外研究者都进行了大量的研究并取得一定的成果。然而，国外的研究成果在中国本土完全有可能呈现出不同甚至相反的结论。

因此，在不同文化背景下建立组织公平理论模型，并在此基础上进行实证研究，通过结论的比较，反过来对于理论进行重新进行检验与拓展，具有深远意义。

（三）领导员工交换理论

1. 领导员工交换（Leader – Member Exchange，LMX）的概念

Grean 和 Dansereau（1975）最早提出了领导员工交换理论，认为传统的领导理论几乎都基于组织公平理论的假设，领导者会用同样方式对待每一个下属。而事实上，人们能体会到在现实的组织情境中，领导者对待不同下属的确是采取不同的方式。领导者由于时间与精力所限，不可能也不必要对每个员工有更多的关照。只能对部分所谓关系好的员工建立起超过一般关系的所谓亲密关系。这些关系好的员工就属于圈内成员（In – group Member）。其他员工就成为了圈外成员（Out – group Member）。圈内成员相应会得到更多的信任和关怀甚至更多的薪酬、培训、晋升机会和个人发展空间，更甚者拥有某些特权。与之相对照的圈外成员，受领导关注较少，获得奖励、晋升、培训的机会也较少，他们与领导之间的关系仅仅局限在相对正式的工作关系范围内。

由于这种"圈内"、"圈外"的划分，因此领导者与员工之间的交换关系也就出现了两种高质量与低质量 LMX 关系类型：领导与"圈外"人建

立的是一种低质量的 LMX 关系，它完全是一种自上而下的制度规定的法定权力，是一种以上下级关系为基础的法定契约关系；而领导与"圈内"人建立的则是高质量的 LMX 关系，是一种相互理解与信任、相互尊重与吸引、相互影响与互动的双向式关系。

此外，圈内与圈外是一个随时间变化而变化的动态转换过程，圈外人可能由于自身工作表现出色及企业组织环境发生变化等因素进入领导视线范围，受到领导关注与重视，转化为圈内人，反之，圈内人也可能因种种原因转换为圈外人。与此同时，一个组织进行领导更替的过程中，圈内人和圈外人的界限也常常被打破而进行重新整合。由此可知，LMX 理论区别于传统的领导理论。

2. 领导员工交换与双向忠诚

领导员工交换理论的结构中从单个维度发展到四个维度，其中三维与四维结构都含有双向忠诚的成分。①领导员工交换单维论。Graen（1975）认为，如果领导与员工的交换关系仅限与工作有关的方面，只是对领导和员工工作交换关系好坏的全面反映的话，那么领导员工交换应该是单维的工作维度。②领导员工交换三维论。Dienesch 和 Liden（1986）研究认为，LMX 有三个维度，即忠诚（Loyalty）、情感（Affect）和贡献（Contribution）。忠诚指领导与员工的双方目标和个人品质的认可与支持，是一种双向的高层次忠诚，可以说是本书双向忠诚定义的雏形。③领导员工交换四维论。Liden 和 Maslyn（1998）在三维基础上加入了专业尊敬（Professional Respect）维度并给出了四个维度的定义：忠诚指领导与员工中的一方对另一方（双向）的目标和个人品质的公开认可与支持；情感指领导与员工双方建立起来的，主要是指超过工作或专业知识方面基于个人相互吸引，而非仅仅只是情感体验；贡献指领导与员工关系中双方彼此都能感到对方所付出的数量、方向和质量等方面的总和；专业尊敬指领导与员工关系中双方对彼此都能感到对方各自在工作领域中的声誉程度。

任孝鹏和王辉（2005）通过实证研究发现 LMX 的四个维度在理论上是可以区分的，而且都在中等程度上相关。

刘彧彧等（2010）根据领导员工之间关系划分成工作交换（LMX - Contribution）和情感交换（LMX - Affect）两种结构维度，将双方的忠诚纳入工作与工作外的情感中，前者衡量一切与工作有关的交换关系，后者衡量工作外的情感交换关系。其操作定义是：工作交换指领导与员工之间，一方基于组织资源供给与另一方在工作取得的成绩方面的相互交换；情感交换指工作成绩外的领导与员工之间相互基于价值观、愿景、目标、态度倾向等方面的相互交换。

从双向忠诚角度来讲，不能简单把领导与员工关系的圈内人定义为忠诚的，圈外人就定义为不忠诚，不过两者在工作绩效方面确实有差距。Mayfield 和 Mayfield（1998）的研究发现，圈内人的工作绩效要普遍高于圈外人 20% 左右，工作满意感则要高出 50%，而且这种差异已被各种不同的职务类型所证实。可从两个方面得到解释：一是圈内成员通常有更多的对组织的忠诚行为，主观上更愿意承担一些自己角色外的任务，根据 LMX 理论，相应地他们在完成额外任务时也能得到比圈外人更多的回报，因而就增强了他们努力工作的内在动机，形成较好的良性循环。二是圈内人与领导者有频繁的交往与接触，因此能从领导者那里得到有关决策方面的支持性信息，工作一段时间后，领导者与圈内人都能从相互沟通中获得工作中的反馈信息。在对未来工作进展方面，双方都会感到趋同一致且非常满意，反过来就会促进工作绩效和满意度的提高。相反，圈外人关系情境中，由于交流机会很少，信息经常通过第三者传递，信息不够准确，由于经常得不到领导明确的意图，更得不到上级及时有效的指导，下级的工作结果往往不尽如人意。

（四）工作满意度理论

1. 工作满意度的内涵

美国著名的霍桑实验就是为了创造出高生产率而关注员工工作满意度这一概念的，因为只有劳动者对工作满意，才能创造出更高的生产率。有了比其他企业更高的生产率，企业才能持久生存与发展。Hoppock（1935）

首次提出工作满意度的概念：指员工在心理与生理方面对环境因素的满意感受，即员工对工作环境的主观反应。1964 年至今，对工作满意度的定义不下 20 种，但仍未达成统一的共识。李显东博士（2012）将工作满意度定义划分为三类：综合性的定义、期望差距性的定义和参考架构性的定义。①综合性的定义。把工作满意度只看作是单一的概念，偏重整体概括，指工作者依据工作内容和工作环境的整体情况，根据心理上对其不同的权重加权平均得出综合满意度。②期望差距性的定义。又称需求缺陷性定义，指根据自己预先确定的期望值和实际值之间的差距来定义工作满意度。期望值很高，现实获得的实际满意值远未达到标准，则认为工作满意度较低，反之则较高。这种定义反映出现实和理想期望值之间的差距程度。③参考架构性的定义。以员工主观心理情感比较为基础，在评价是否满意时，不完全受客观工作行为或工作结果的影响，只是将感受标准和实际标准做横向比较，得出结论。

从以上分析可以总结出，期望差距性的定义是计算差值，它的评价涉及无法测量的期望值和实际值，因此其中的差距无法通过量化而加以衡量；相较而言，综合性的定义过于简单，难以被大多数人接受；参考架构性的定义是计算比值，它可以全面了解员工产生不满或满意的根源，它的衡量标准使用起来也相对方便可靠。

2. 工作满意度与双向忠诚

很多人都认为员工的工作满意度与工作绩效之间应该有比较简单的正相关与因果关系，并采用各种各样的方法证明这些关系。但是霍桑实验之后，梅奥认为生产效率主要取决于员工的士气及员工心理上的需要，只有员工的士气及员工心理上的需要得到满足后，提高产量才有可能实现。

陈胜军和贾天萌（2009）以高新技术企业的专业技术人员为研究对象，对员工组织支持感与关联绩效的关系进行了实证研究。将组织支持感的三个维度（工作支持、关心利益、价值认同）与关联绩效的两个维度（人际促进、工作奉献）一一对应起来进行分析，并引入工作满意度作为中介变量。研究表明，员工组织支持感与关联绩效显著正相关，工作满意度在组织支持感与关联绩效之间起完全中介作用。

工作满意度高的员工通常工作效率较高，但反过来并不一定成立，工作满意度是一个非常复杂和主观的概念，简单地讲只是指一种情感反应与态度，不是员工在工作中具体的行为。但这种态度与行为之间存在着密切的关系，即满意度的高低直接影响员工行为。所以，工作满意度也并非越高越好，而是有一个相对合理的分值。

相比较工作满意度而言，员工的士气、员工心理、员工组织支持感、关心利益、价值观认同等涉及双向忠诚的词汇更能促进员工提高工作绩效。工作满意度仅仅只是一个中介变量而已。所以从双向忠诚角度来说，工作满意度也仅仅只是一个权重不大的中介变量。

（五）权力距离理论

1. 权力的含义

西方最早全面系统阐述权力内涵的是意大利人马基雅维里（1469—1527）的《君王论》，从其出版至今的 480 余年来影响非凡，被称为"影响世界历史的十大名著"之一[①]。学界关于权力的来源和分类还没有统一的观点。Weber（1922）认为，权力是一种处于社会关系内的个体克服他人的影响以实现其意志的概率，是权力拥有者运用强制力或者个人魅力等促使下属实施其本来不会主动实施的行动的能力。根据 Guillory（2007）的研究，人类不同时代的权力基础各不相同，农耕时代权力的唯一基础是土地，工业革命时期的基础是资本，信息时代的基础是信息，当今时代的基础是知识和人。由于资源的有限性，人类为了更好地生存与发展，使有限的资源发挥更大的作用，必须有效地建立各种社会关系，这就需要人对自己的价值资源和他人的价值资源进行有效的控制、影响和制约，这就是权力的根本目的——整个社会收益最大化。总之，权力的本质就是主体以奖励或威胁惩罚的方式强制控制和制约自己或其他主体资源价值的能力。

---

① 戴光年. 君王论［M］. 北京：中国纺织出版社，2012.

French 和 Raven 认为权力有以下表现形式：专家权力（Expert Power）、奖赏权力（Reward Power）、法定权力（Legitimate Power）、参照权力（Referent Power）以及强制权力（Coercive Power）。

2. 权力距离理论

荷兰心理学家 Hofstede 指出，管理的任何概念、理念都不能摆脱根植于其中的文化背景的影响，他将权力距离（Power Distance）定义为"一个社会对权力分配不平等的事实所能接受的程度"。根据他对 74 个国家和地区权力距离的调查研究，中国权力距离指数与阿拉伯国家和孟加拉国同为 80，排名第 12～14 位，美国权力距离指数为 40，排名第 57～59 位，由此可以看出，中国属于高权力距离文化，美国属于低权力距离文化（李琼，2013）。在高权力距离的社会，权力是社会的基础，权力拥有者具有特权，而且尽可能做到强大，社会体制的改变可以通过罢免当权者得以实现，强势成员和弱势成员本质上是冲突的，而且弱势成员之间互不信任，很难合作。相对而言，在低权力距离的社会，所有人都是独立自主的，而且具有同样的权力，等级只是作用不同，下级把上级看作和自己一样的人，社会体制的改变可以通过重新分配权力得以实现，不同层次的人很少感受到威胁，并尽力去相信他人，强势成员和弱势成员本质上是和谐的，而弱势成员之间的合作是稳固的（廖建桥等，2010）。

权力距离来源于人类的支配欲望，通过观察这一行为同样存在于猿类、猫类、鸟类、鱼类等物种中。究竟为什么人类会产生支配行为仍然是一个谜，最直接的原因应该是人类多方面的不平等性，如体力、智力、身高、体重，及社会因素如社会地位、声望、财富、权力及特权。然而，这种不平等性不应被夸大，如擅长运动的人在运动领域能够享受到较高的地位，如果没有取得较好的名次也并不一定享有财富与权力。由于权力均衡是社会性因素，从而确定了权力的层级。

3. 权力距离与双向忠诚

Napier 和 Ferris（1993）将权力距离视为心理距离，认为权力距离是上下级之间由文化、价值观和知识背景等的差别所导致的真实心理影响，更小的心理距离（权力距离）会带来更大的吸引力，更高的员工满意度和上级对下属表现的更高评价。Pasha（2000）进一步研究了权力距离和领导者行为之间的关系，认为在高权力距离的组织中，上下级之间权力差异巨大，而巨大的权力距离会催生专制型领导。

郑兴山（2010）指出，权力拥有者由于惯性思维认为其地位与职位受到特定的不平等性规制所保护，而弱权者则坚持他们在工作中付出了相当的努力，理应受到平等对待。强权者认为权力距离难以突破与逾越，而弱权者将上级与下级一视同仁，因而期待人人平等。在权力距离接受程度高的国家和民族，社会层级显著，权力之间的距离大；而在权力距离接受程度低的国家和民族，人们之间比较注重平等，他们之间的权力距离较小，在组织中更加注重结构的扁平化及员工与领导之间的沟通。只有在这种情况下，双向忠诚情形发生的可能性才会大大增强。

我国作为一个高权力距离的国家，主要受文化传统、社会制度、市场经济发展程度、教育程度和信息传播方向的影响。中国传统文化下，传统的尊卑、顺从思想等仍然主导民众的心理，上级领导的看法和观点对下级的决策和行为有着极为重要的影响。落后、偏远的中西部地区的中小民营企业，信息交流也相对闭塞，从而拉大了权力距离，我国传统的垂直直线制的管理架构直接导致了信息传播的滞后，而不能散播开来等。所以从定性角度分析，高权力距离对双向忠诚是一个巨大的阻碍。

（六）离职倾向理论

1. 离职倾向的概念

离职无论是对个人还是组织者都是比较重大的问题，根据员工是否自愿，离职通常被分为自愿性离职（Voluntary Turnover）和非自愿性离职（Involuntary Turnover）。

与离职和离职倾向（Turnover Intention）并行的是近年流行的猎头网、猎头公司、猎头服务。"猎头"英文为"headhunting"，在国外，这是一种十分流行的人才招聘方式，即指网罗高级人才。

离职倾向的定义各式各样，如表 2 - 4 所示。

表 2 - 4　离职倾向的内涵

学者	年代	定义
Simon 和 March	1958	个人欲离开当前岗位，寻找下一个工作机会的倾向
Steers 和 Porter	1974	员工产生不满意感后的退缩行为
Mobley	1977	员工在组织工作一段时间，经过一番考虑与权衡后，离开组织的意图有所产生
Martin	1979	员工想要离开所在组织的想法与念头
Mobley	1982	在组织中获取物质收益的个体终止其组织人员关系与其他关系的过程
Steel 和 Ovalle	1984	一系列想要停职并企图寻找其他工作认知的最后一个阶段，最能预测离职行为的发生
Price	1997	个体作为组织成员的改变，不再扮演成员角色
樊景立	1978	个人想离开目前的工作岗位，另寻其他工作机会的倾向强度的大小
欧阳玲	1994	员工企图离其工作组织的倾向，它直接引起离职行为
符益群	2002	员工产生的离开组织的想法或意愿

尽管研究者对离职倾向的定义做出了各种各样的阐述，但"离职倾向是产生离职行为的直接前因变量，能很好地预测离职行为"，这一共同内核是研究者基本一致的看法。

本书根据研究的目的将其定义为：由于双向忠诚的丧失，知识型员工综合其他所有因素比较分析后离开当前所在企业组织的想法或意愿。

2. 员工离职的正负效用

孔凡晶博士（2010）和李显东博士（2012）均将离职倾向的负效用归纳为：第一，人才队伍建设的损失，带来巨大收益的科技知识人员的流失，其损失是不言而喻的；第二，新老员工更替使企业成本增加；第三，核心技术和商业秘密泄露对企业组织的存在造成威胁，尤其是猎头公司的主动出击，使之后果更为严重；第四，离职员工对其他未离职员工、团队整体士气的影响。

但是员工离职也并非一无是处，从忠诚角度来看，可以淘汰一批对企业不够忠诚的员工，吸收更加优秀员工的加入，通过优化重组打造核心竞争力。从企业角度看，存在一定的离职率是有利的，只要把离职率控制在合理的范围内就有助于组织提升绩效。从整个社会的行业角度看，有利于行业形成优胜劣汰的外部环境，促进行业整体竞争力的提高。从员工个人角度看，有利于积累经验，保持自己的职业忠诚，拓展职业发展渠道。

3. 现有研究的不足

现有研究主要存在的问题有两个方面：一是与中国特色的发展阶段有些脱节，我国由于长期处于计划经济体制下，市场经济制度建设起步较晚，所以国内学者的研究主要是利用国外学者的离职模型，但国外的离职理论和模型做出的判断难以适应本土化的企业人员管理要求。在国有经济仍然十分强大的现状下如何利用双向忠诚理念吸引核心关键人才是所有民营企业必须面对的难题。国有企业在金融政策支持、税收优惠、薪酬、资金等方面对高端人才仍有无法比拟的竞争优势。所以在当前外部竞争环境下，对中国现阶段在员工离职倾向的研究方面存在许多空白。需要结合现有模型中的变量加以改进、删除，发现、引入新的变量和中介变量，因此对离职与离职倾向的研究凸显出特别重要的意义。我国本土离职方面的研究任重道远，有很大的发展空间。

二是当前的研究均是从单个因素与离职的关系来强调自己领域的重要性。工作满意度、组织承诺和组织公平等视角分开进行，单独讨论，将几个因素混合放在一起讨论离职倾向的文献相对较少。各个学科的研究只是选取各自的角度，各自为政，没有相互融合，没有从系统论的观点做出有机的整合，得出的研究成果缺乏较广泛的应用，实际意义也就较小。再者从定性定量研究的角度也需要整合。已有的定性研究运用逻辑推理从理论上阐述离职产生的原因；定量分析则多是采用调查问卷的方式，用被调查者的答卷所代表的数量等级来判定各因素的重要程度，两者各有所长，需要有机结合后才能得出比较完美的结论。

（七）双向忠诚理论

笔者通过中国知网检索，有关双向忠诚的期刊论文数量不多，主要有以下几种观点。一是"企业与员工相互忠诚论"。其观点是，忠诚是企业和员工相互作用、相互影响的共同结果，没有企业的忠诚，就难以赢得员工的忠诚。所以探讨员工忠诚度时，不可避免地要将企业、员工作为一个相互作用的有机统一整体，在企业与员工相互忠诚的框架中探求对策（廖泉文和王操红，2007）。二是组织支持与组织承诺理论。从本质上说，组织承诺是员工对企业的一种依恋，它包含三个要素：对企业目标的接受及价值观的强烈信念，为企业的利益付出巨大努力的愿望；渴望保持在该企业中的成员身份。企业为员工提供必要的组织支持是企业向员工许下的经济和情感等方面承诺的履行。组织承诺是实现双向忠诚的前提条件；组织支持是实现双向忠诚的重要保证。随着对组织支持、组织承诺与员工满意度的研究，人们认识到组织支持、组织承诺与员工满意度呈正相关，而组织承诺和组织支持之间也是正相关。也就是说，要想员工有较高的组织承诺，就应该对其提供必要的组织支持；如果组织对员工的支持满足了员工的需求，员工的忠诚度就高；组织与员工之间应该实现双向忠诚（姜楠，2005）。三是基于"服务利润链"的观点提出了企业应该首先忠诚员工的双向忠诚论（孙权兴，2005）。

从公开发表的论文来看，对企业与员工双向忠诚的研究只有两篇硕士论文，分别是《山西省忻州市中小企业组织和员工双向忠诚研究》及《乡镇政府与公务员双向忠诚的影响因素及对策研究》。博士论文为空白。从几篇论文中对双向忠诚的内涵来看基本上有两种观点：一是高水平的心理契约论，认为企业明确各个员工的发展愿望，并会让员工满足；而每一位员工也确信企业会满足他们的需要，从而为企业的发展做出贡献。实质上，高层管理者和其他员工之间的忠诚关系也就是企业与员工间的双向忠诚关系，建立企业员工之间的双向忠诚就是建立一种对等诚信的人际关系。二是组织承诺论。

本书基于盟约理论的双向忠诚理念，从形式上超越了组织承诺论与心理契约论的范畴，在实质内涵上加入了以双方的信任和资本互补性为基础，合约为保障和约束的一种合作关系。

四、员工激励的相关理论

谈到双向忠诚就离不开激励，提升员工忠诚度的理论无非是激励理论与约束机制，客观地讲，提升员工忠诚度的过程无疑也是提升双向忠诚度的过程，只是提升双向忠诚度更侧重知识型员工的个性与特点，具有一定的针对性，因为有时企业在激励员工、提升员工忠诚度时，并不是对所有员工都有效，也不是对所有员工都起到相同的作用；从双向忠诚角度来讲，"一刀切"的激励方式显得有些过时与不切实际，有时对一些员工起到提升员工忠诚度激励措施而对另一些员工起不到双向忠诚的作用。

（一）传统主流激励理论及启示

激励理论一直是管理学与经济学离不开的话题。管理学研究的激励理论最早始于20世纪初期，它在心理学和组织行为学的基础上，通过社会实践经验定性地总结和科学归纳最终形成。在人类社会历史发展的长河中，劳动分工与劳动成果如何分配的问题带来了如何激励问题。激励问题也是随着人类剩余产品日益丰富而摆在管理者面前的一个重要问题。早期的激励理论回答了以什么为基础或根据什么才能激发调动起员工工作积极性，后来系统的激励理论是行为科学中用于处理人们需求、动机、目的和行为四者之间因果关系的核心理论。行为科学理论认为，人的动机来自内心需求，而且这种动机有主次之分，动机的强弱由内心需求的强弱来决定，需求确定了人们的行为目标，激励则作用于人内心活动，强化、驱动和激发人们的行为，并将这种激励暗示带入以后的学习与生活中。

关于激励理论的发展主要包括马斯洛的需求层次理论、赫茨伯格的双因素理论、奥德弗的 ERG 理论和麦克利兰的成就需要理论等。最具深刻影响的马斯洛需求层次论就提出人类的需要有五个等级，从最低级向最高级的需求依次为生理需要、安全需要、社会需要、尊重需要和自我实现的需要，当某一级的需求获得满足后，这种需求便中止了它的激励作用。

激励理论的分类方法有两种：一种分为行为主义激励理论、认知派激励理论和综合型激励理论三大类。行为主义激励理论认为，管理过程的实质是激励，在刺激—反应这种重生理反射理论的指导下，通过激励手段来诱发人的主观积极性。激励者的任务就是努力去选择一套合适的外界刺激来激发内心活动，以引起被激励者相应的反应并予以规范与定型的活动。新行为主义者斯金纳在后来又提出了操作性条件反射理论。即在刺激变量中不仅要考虑外界因素，还要考虑到中间变量，在物质的刺激变量中存在人的主观精神等因素。认知派激励理论与新行为主义激励理论有些相似，主要差别在于不仅要充分考虑到人的内在因素，如思想意识、需要、兴趣、价值等，还要把消极行为转化为积极行为，以达到组织的预定目标并取得较好的收益。可以说激励的方向性才是认知派激励理论的真正目的。如果说行为主义激励理论侧重点在于强调外在激励，而认知派激励理论侧重点则在于强调内在激励，那么综合型激励理论则是这两类理论的综合、提高和发展，它为解决如何调动人的主动积极性问题指出了更为有效的方法与路径。

另一种分类方法是将激励理论分为内容型激励理论、过程型激励理论和综合型激励理论三大类。内容型激励理论着重研究激励的内容，主要包括马斯洛的需求层次理论、赫茨伯格的双因素理论、奥德弗的 ERG 理论和麦克利兰的成就需要激励理论。过程型激励理论着重研究人从动机产生到采取行动的心理过程，主要包括弗洛姆的期望理论、斯金纳的强化理论和亚当斯的公平理论。综合型激励理论认为，激励与绩效之间并非简单的因果关系而是多种综合因素共同作用的结果。要想让激励达到预期的效果，必须综合考虑组织分工、奖励内容、奖励制度、目标设置、组织公平、绩效考核等行为因素。管理者要将目标—能力—绩效—奖励—满意—新的目标的循环体系贯穿整个管理日常工作当中（徐国华等，1998）。

从以上激励理论可以看出：传统激励理论的程序化、标准化、公式化内容，虽然强调以人为本、随时代发展有所变化，但总体上给人们的感觉仍然是固定与模式化的，当然我们不能过分要求以前的理论会突破历史时间的限制，况且当下的理论发展也离不开传统激励理论的精髓。从双向忠诚的角度来看，传统激励理论为提升企业员工忠诚度打下了坚实基础，也为双向忠诚中企业如何实现对员工忠诚打开了切入口，他山之石，可以攻玉，我们在此基础上进一步研究，为丰富当下激励理论做出贡献。

（二）美日等国家激励措施与启示

大多数进入成熟期的企业都会遇到一个同样的问题：怎样把掌握前沿技术的核心人才留在技术岗位上，以便充分利用其所积累的专业知识继续全心全意地为公司效力？在公司不断发展壮大过程中，不断聘用的新知识型员工在企业已首先付出忠诚的前提下，如何得到员工忠诚的反馈与回报？这也是如何提升双向忠诚度要解决的问题。

美国企业员工激励机制的突出特点是把技术过硬的人员推上管理者的岗位，也就是专家管理或专家治厂，这就是所谓的地位激励，主要由经济地位、政治地位、职业、文化地位等构成。为什么要这样做呢？马歇尔（1964）在《经济学原理》一书中指出："最能刺激一个人的精力和进取心的，莫过于在生活中提高他们地位的希望，这种希望甚至给他压倒一切的热情，而这种热情使他对求安逸和一切普通的愉快愿望都微不足道了。"以美国微软公司为例，相比一般公司的报酬激励与精神激励，以比尔·盖茨为首的公司早期领导者一直都特别重视员工的地位激励，他们在企业创办初期就与众不同，注重提升一线技术过硬的员工担任部门经理，这一政策的结果也使微软在业绩成长方面获得了其他众多软件公司无法比拟的优越性。所以微软公司在短短几年内成为了行业技术的佼佼者，时刻把握本行业最先进技术的脉搏，同时微软的管理者又能使公司利润呈几何级增长，这样，在技术与管理方面形成了一支既懂技术又善经营的"双面型"管理阶层。微软公司在运用地位激励的同时，还在不同的职能部门之间建立起横向的可比性。在员工升迁方面，微软公司通过在若干个专业里设立不同级别，按照不同职能部门，在员工升迁方面进行横向比较，使升迁程序"可视化"，起始点是刚出校门的大学毕业生，定为9或10级，一直到大于10级，各种级别反映员工们在公司的表现、基本技能和经验阅历。在升迁的过程中使用的是多维度积分法，指企业对每一个员工从工作业绩、职务、职称、学历、工龄等多维度评估与打分，对员工为企业所做的贡献进行全方位的衡量与评价，再根据各因素对企业发展战略的影响大小，对每一维度赋予相应的权重和积分点，按年度浮动确定员工的报酬与决定升迁与否。员工的升迁要经过高级管理层的审批，并与员工当年实际报酬直接挂钩。这种制度能帮助经理们招收新员工时有章可循，并建立与新员工相匹配的薪金与升迁方案。由于级别是与报酬和待遇直接挂钩的，使新老员工都有了努力的方向与目标，这样，微软公司就能确保及时合理地奖励优秀员工并能成功留住优秀人才。

提到日本企业员工激励机制，人们想到的是终身雇佣制与年功序列制以及企业的团队精神。最具代表的是日本著名企业松下集团。确实在终身雇佣制背景下优点是不言而喻的：一是企业会在员工一开始进入企业时就大胆地加以培训，教育成本相应减少；二是一旦遇上经济危机等系统性风险，员工会与企业形成荣辱与共的关系，肯于与企业共进退，员工甚至主动奉献忠诚做到自愿降低工资、减少福利并和企业一起共渡难关。年功序列制的优点就是增强老员工对企业的忠诚，以厂为荣、以厂为家。但近十年日本经济持续低迷给日本企业的这种管理模式蒙上了阴影，终身雇佣制与年功序列制面临着前所未有的质疑与挑战。在此背景下，日本企业对此进行了必要的改良与革新：大胆引进"外援"，选出优秀人才外出培训进修，加大团队激励力度，提高内部员工选拔力度并使他们走上领导岗位等。

美国和日本企业的激励方式可以给我们很多启示。具体如下：

启示一：把地位激励放在各种激励措施的首位。从理论上讲，人类是万物之灵，追求自我价值实现是每个人的最高动机，获得尊重、重视与崇拜是每个人内心的愿望与理想。地位激励正好可以满足优秀人才对追求自我价值实现的需要。微软公司正是运用了人类灵魂最深处的渴望与追求，从而在短时间内取得别人无法企及的成就。

启示二：多层次激励机制的实施是微软创造奇迹的秘方。微软公司和松下集团在不同时期采用不同的激励机制。例如，对于20世纪80年代第一代微软和松下集团员工，公司在满足他们物质生活基本条件下培养他们的集体主义精神，对他们给予团队激励。而对于进入21世纪的新生代员工，他们对物质要求比长辈高，自我意识方面也更强。从这些特点出发，采取了多层次激励措施：如让有突出业绩的年轻员工在报酬与福利上比其上级与领导还要高。这样就使他们能安心现有的本职潜心钻研，而不仅是煞费苦心往领导岗位上发展而荒废了技术。他们也不再认为只有做官才能体现价值。微软公司和松下集团始终认为，在领导岗位有限的条件下，只激励一条"跑道"一定会拥挤不堪，只有在激励的道路上天辟多条"跑道"。这样才能使员工安心在自己适合的岗位上工作并增强对企业的忠诚。

启示三：激励机制要随时代的变化而不断变化。要保持一个开放的系统激励机制，并要随着时代、环境、市场形势的变化而不断变化。日本企业的终身雇佣制与年功序列制是员工对企业忠诚的基础，但时代在变化发展，要在两者优点的基础上加以变通与改革才能适应市场与社会的需要。

总之，美、日企业的激励机制主要是把激励的措施、方法、手段与激励的目标紧密结合，达到激励手段和激励目标两者的一致性。而他们所采取的激励方法和措施不是一成不变的，是根据不同的工作、不同的岗位、不同的人员、不同的情境打造出不同激励制度，这些制度都有利于企业与员工双向忠诚度的提升。

（三）现代股票期权激励理论

1932年美国经济学家 Berle 和 Means（2005）在洞悉企业所有权与经

营权统一的弊端后提出委托代理理论，这种理论倡导以所有权和经营权分离为基础的委托代理关系。但这种关系同时带来了逆向选择和道德风险等委托代理问题。Jensen 和 Meckling（1976）指出，给经营者一定的股权或持股比例能有效抑制其从事道德风险行为的动机。所以 20 世纪 80 年代末，在西方发达国家管理层股权激励这种公司治理方式就得到了广泛运用。几乎在同时，我国国内少数企业也在开始讨论研究股权激励制度并在 21 世纪初试行管理层股权激励制度。

1. 股权激励在我国的应用

国外对股权激励的探索较早，到 20 世纪 80 年代后期逐渐成为一股世界性的浪潮，被认为是近几十年以来西方现代企业理论中效果最显著的重大激励机制创新。根据麦肯锡的一份调查数据，标准普尔 500 上市公司的高级管理者薪资报酬中，有约 40% 来自股票期权（赵平，2014）。有资料显示，美国 90% 的高新科技公司都实行了这一制度，全球 500 强企业中也有近 90% 的公司在高管层实施该制度（徐国成，2014）。

随着我国 2006 年《上市公司股权激励管理办法》的出台以及《公司法》、《证券法》的相继修订，相关法律环境的日趋健全，股权激励已经逐渐被上市公司和非上市公司所接受，越来越多的民营企业也在不断探索中推动股权激励的前行。以上市公司美的集团（000333）为例，该公司在 2013 年底发布了股权激励计划草案，拟授予股票期权数量为 4060 万股，占美的集团已发行股本总额的 2.41%，首期将授予 693 名事业部的中高层管理人员及业务技术骨干人员。此次激励与之前高管持股计划有所不同，激励覆盖范围广，激励对象以事业部核心经营层及研发、制造、品质体系优先，围绕产品力提升的研发、制造类人员超过总人数的 70%。同样在 2013 年 12 月 15 日，上海梅林（600073）发布公告称，将向公司高管在内的 114 名员工推出激励计划。这是继上海家化（600315）、光明乳业（600597）之后上海市地方国企股权激励试点改革又一单位。在股权激励方面做得最早且最成功的当然要数华为，说来简单，华为公司《基本法》中明确规定：公司坚持"知本主义"，实行员工持股制度，公司的股权激励制度最早可追溯到 1988 年，当然在当时只能是内部秘密激励制度，未向社会公开。华为管理上三大法宝之一就是有效的长短激励机制，实行员工持股。在员工激励方面华为公司做得最成功的，不是薪酬，也不是奖金福利，而是股金。当然条件是必须为公司服务到一定年限的骨干员工才能持股，股权激励制度不但稳定原有员工，也激发了后续新进入的员工，只要他们对企业付出忠诚与努力，同样会获得公司的股份回报与激励。

从以上实例可以看出，我国当前股权激励具有以下特点：一是上市股权激励规模已经从少数尝试到井喷式的增长。上市公司实施股权激励数量从 2006 年的 44 家上升到 2013 年的 158 家（徐国成，2014）。《上市公司股权激励管理办法》生效以来国内 A 股上市公司实施股权激励的数量总体呈上升趋势。到 2013 年底上市公司实施股权激励数量累计达到 602 家，占上市公司总数的近 1/4。二是股权激励的对象由早期的少数职业经理人向中高层管理人员及业务技术骨干人员转变。即由少数高管、精英类人员向一线经营层及研发、制造类人员转变，而且这种趋势有扩大的倾向。三是股权激励已深入人心，成为现代企业最主要的激励方式。大多数企业只有将传统激励方式与股权激励相结合，才能融入当前世界经济一体化市场之中，在竞争中获得一席之地。

当然股权激励也不是十全十美，最为典型的是高管利用股权激励套现后出现的离职现象。经统计，2013 年，我国 A 股近 2600 家上市公司中共有 22 家上市公司出于各种原因而终止了股权激励计划，同年高管利用股权激励套现行为层出不穷，碧水源（300070）5 位高管套现 7 亿元，华谊兄弟（300027）高管套现 16 亿元，这一年有 473 位高管套现 40 多亿元。种种负面消息使得股权激励机制暴露出其弊端，也给上市公司本身带来不良的社会影响，这也从另一方面映射出股权激励在实施过程中存在一些急需解决的问题（徐国成，2014）。

2. 股权激励对双向忠诚的正向作用

从已有的文献来看，股权激励的正面效应就是可以有效缓解委托代理问题。Stulz（1988）研究指出，职业经理人持有一定股权可以缓和与大股东（企业所有者）间的利益冲突问题。罗富碧等（2008）的研究结果表明，股权激励与投资存在显著的正相关关系，也就是投资对股权激励有显著的正影响；刘国亮和王加胜（2000）的实证检验得出，管理层持股比例与企业的经营业绩正相关，这与 Jensen 和 Meckling（1976）的结论一致；赵息等（2008）发现，股权激励与盈余管理行为发生的概率呈显著的正相关关系。

股权激励的正面效应主要表现在相互作用的两个方面：一方面，通过实施股权激励计划，企业员工获得了公司的剩余财产的部分所有权与分配权，实现了身份的转换，即从纯粹的经营者到所有者的转化。基于此，兼有双重身份的高级员工在工作、决策时更能够以企业主人翁的姿态去考虑问题与分析问题。以股东价值最大化为行事准则，具体体现在投资方面，由于我国公司投资决策与高管人员股权激励是一种内生决定关系，调整股权激励水平能够防止高管人员短期行为，规避高管人员的过度投资与投资不足的两种不当行为。另一方面，股权激励是企业对员工体现出忠诚，当然在股权激励计划中一般会规定相应的行权条件，如业绩条件、股价条件等，鉴于此，高管人员为了获得相应的股权激励利益，便会更加努力地工作，通过在日常工作中提升公司的业绩水平来体现对企业的忠诚。

股权激励在双向忠诚方面的积极促进作用具体体现在以下几个方面：

一是有利于建立企业—员工利益共同体。一般来说，企业的所有者与员工之间的利益是不完全一致的。企业所有者关注自己的长期和稳定的收益，所以注重企业的长远发展和稳定投资收益，而企业的中层管理人员和技术人员是企业的员工，他们更关心的是自己在企业工作期间内的任职业绩和个人收益，两者价值取向的不同必然导致双方在企业经营管理中思想观念、经营理念及具体行为方式的不同，难以避免的结果往往是员工为个人利益而损害企业长远与整体利益的行为时常发生，尽管有时这种行为并非是主观故意。实施股权激励后，使企业的中高层管理者和关键技术人员（核心员工）成为企业的股东，其个人利益和企业利益趋于一致，短期利益和长期利益趋于一致，关键是减少或弱化两者之间的矛盾，最终形成企业—员工利益共同体。从员工的心理角度来说，从雇员到股东，从代理人到合伙人，员工成了企业的主人，这是企业员工身份的一种质变，而身份的质变必然带来工作心态等方面的改变，双向忠诚的良性循环在此基础上有可能形成。

二是约束和规避员工的短视行为。传统的激励方式如经理年薪制与员工年终奖金等，对经理人与员工考核的都是一年内企业所实现的短期财务数据，而短期财务数据无法反映长期战略的整体收益，有时短期财务数据与企业长期战略的投资收益存在着冲突，因而采用这些传统的激励方式，无疑会助长高级主管关注自己任期内的收益而忽视企业的长期收益，客观上刺激了经营决策者的短期行为，不利于企业长期战略上的发展。引入股权激励后，对公司业绩的考核不单单是只关注当年的财务数据，更重要的是公司将来的整体价值的提升，也就是股东价值最大化。此外，作为一种长期激励机制，一般都附带一定期限约束，这种激励不仅能使经营者在任期内得到适当的奖励，并且保证在经营者卸任后延期实现收益，这就要求经营者不仅关心如何在自己的任期内提高业绩，而且还必须关注自己卸任后企业的长期发展以保证获得期权到期后的收益，这就会促使经营者主观上大胆进行技术创新和管理创新，采用各种新技术进行革新改造降低成本，提高企业的经营业绩和核心竞争能力。同时，企业股权授予协议书的签署，表达了企业所有者与员工长期合作的心愿，这也是对企业战略顺利推进的一种共同的约定与保障，员工获得企业的股权后，由于身份的转变，思考问题角度会有所不同，必定会立足长远，站在企业持续发展角度思考问题，为企业持续发展储备能量，愿意为企业的未来而牺牲当前的享受。另外，股权激励作为固定薪酬支付的部分替代，由于今后的股金红利属于企业的权益性支出，减少了企业的当期成本支出；同时也分散了企业的现金流出压力，使企业的现金流变得更为充足。总之，员工成为公司股东后，能够分享高风险经营带来的高收益，有利于刺激其潜力的发挥，实现企业与员工的双赢。

三是提高员工的个人业绩与企业绩效。作为一个有上进心、有追求的员工，看重的不是企业能否提供一个好的平台，而是企业能否把自己当成圈内人看待，衡量企业能否把自己当成圈内人看待的标准之一就是员工享有对企业剩余收益知情权与员工自己分配的份额。如果员工只拿固定工资，企业经营好坏与自己无关，那么企业怎么发展与企业发展到什么程度真的与自己关系不大。实行股权激励后，企业成了自己的一部分，员工的个人业绩与企业绩效息息相关，员工从心理层面上就会竭尽全力地为企业出力出汗，因为企业首先将股份给了员工，可以说是做到了对员工的主动忠诚，那么员工就会加倍努力工作，通过提高个人工作业绩来实现对企业的回报与忠诚，这样双向忠诚的良性互动得以形成。

四是稳定现有团队，吸引新的优秀人才。现阶段，拥有股权或期权是一种可以满足员工实现自我价值的最先进的激励措施。股权激励不但是身份与地位的象征，而且是财富与权力的象征。股权激励一方面可以稳定现有团队，让他们享受以前创业期所付出的辛劳所带来的回报，并且可以充分发挥自己的积极性与创造性再造辉煌。另一方面提高老员工离开公司的机会成本，增加老员工对企业的忠诚度，更为重要的是，由于股权激励制度的建立，对外界的年轻人也是巨大的"磁铁石"。由于激励机制不仅只是针对公司现有员工，而且为将来吸引新员工预留了同样的激励条件，只要满足一定的工作年限，就会与老员工享受同样的待遇，这种制度对有创业心的外界员工可以说是打开了一定的收益想象空间，会为企业聚集一批年轻有为的优秀人才，达到为企业不断输血和造血的功能。

（四）心本管理下的幸福激励理论

对部分功成名就的老员工与部分"90后"新潮员工来讲，对幸福感的强烈追求是他们实现自我价值的一种渴望。这种"工作并幸福着"的理念被越来越多的知识型员工所接受并有扩大趋势，这些员工的最大特点是讲究努力工作与享受生活的平衡，找到工作与享受生活的最佳"平衡点"，他们绝不会为了工作而牺牲个人对幸福生活的追求。

1. 心本管理下的幸福激励理论概述

幸福是人类社会一直探寻的永恒主题，对于什么是幸福以及如何增进人类社会的幸福，是管理学与经济学探求的终极目标。随着人类社会的进步和科技的发展，社会财富日益增长，这种不断的物质财富的增长导致了财富刺激的边际效用逐步递减，人类的幸福感并没有与物质财富增长同步，甚至还有下降趋势。在人们对幸福的追求不断提升的背景下如何提高人们的幸福感显得尤为紧迫与急切，因而如何提高人们的幸福水平受到了管理者的高度重视，所以心本管理下的幸福激励理论应运而生。吴甘霖（2006）在《心本管理：管理学的第三次革命》一书中提到：从发展历程来看，管理学大致经历了物本管理（科学管理）和现代人本管理（能本管理）、心本管理三个阶段。但是无论是在物本管理阶段，还是在人本管理阶段，都有一个最大的盲区：只重视管理他人，不重视管理者自己，更不重视管理者心灵的自我管理与修炼。在心本管理理论研究者看来，心本管理是对现代人本管理理念的升华。心本管理方式的理论基础是幸福人假设（三者比较见表 2-5）。心本管理的核心理念是：你要用一个人的"手"，你就必须用他整个的"人"，你要用他整个的"人"，你就必须用他整个的"心"。在管理好自己心的前提下管理员工的心来提高员工的幸福感是心本管理阶段领导者的使命。

表 2-5 管理学的三次革命

管理学的三次革命	定义	理论假设	手段与目标
物本管理	员工当成机器或机器的一个零件	经济人假设 观念人假设	定额与标准化，提高效率
人本管理	把员工当成人来关心，尊重人的价值	自我实现人假设	关心员工，承认人自身的价值
心本管理	通过管理者自身身心修炼、建立幸福的组织来实现员工的幸福	幸福人假设 休闲人假设	通过追求幸福，达到人的全面发展从而实现人性的自由与解放

郑国娟（2010）在《幸福管理：心本管理的终极目标》一书中提出了"幸福也是生产力"的观念。虽然不能说幸福指数是衡量一个企业成功与

否的唯一标准，但是我们可以肯定的是一个快乐的企业是有竞争力与发展力的，相反一个不快乐的员工与企业是缺乏竞争力的。她接着指出：作为企业来讲盈利与企业价值最大化是主要目标，员工个人与企业之间的目标有差异，提升员工的幸福感可使两者的目标趋于一致。可见，员工的幸福感对于企业的发展具有重要的影响，不但要关注员工的物质层面如有竞争力的薪酬、工作环境等外在的硬件，还要关心员工的提升机会、发挥专业特长、增长知识等精神方面的需要。这样不仅可以使员工体会企业的关怀，同时使员工在工作能力上得到提升，实现企业与员工的双赢。从心本管理的理念出发，我们可以分析得出：员工追求自身的幸福是生命的目的与使命所在，对幸福的追求、体验和创造能够调动员工主体的生命力量和激情。企业管理者应该运用心本管理下的幸福理论指导员工以昂扬的斗志与良好的精神状态投入生活，享受生活从而更加热爱生活。从一个侧面来讲，拥有幸福感的员工能够积极学习先进的技能与方法，不断完善和发展自我，乐观地面对和处理创业过程中的各种困难与问题，用豁达与幸福感染着周围的每一个人，在"工作并快乐着"的理念下，创造幸福、享受幸福，不断追求个人与组织理想的实现，进而不断推进"幸福中国"的建设。

2. 幸福激励与双向忠诚的关系

蒲德祥（2009）提出，领导者对幸福激励理论的理解应该是：通过组织结构与组织人员的互动与耦合，来实现组织人员生命成本的最小化和幸福最大化的组织目标。幸福管理是一种全新的管理理念和管理模式，由于人是自然属性与社会性的统一体，所以幸福激励理论是管理与伦理的有机结合，也是人与人、人与物、人与事的结合，它既要追求管理中赢得利润的目标，又要注重人的本能、自尊、欲望和价值观。所以说，心本理论下的幸福激励管理是一种管理者追求的终极目标。

从心本管理理论的角度分析，影响员工幸福感的因素有以下方面：一是员工对自我价值的实现极度重视，从双向忠诚来讲，就是企业对员工的尊重与信赖。一个员工自尊心是否得到满足和积极性能否发挥有着极为密切的关系。员工的自尊心受到损伤，必然造成心灵上的痛苦甚至产生对领导的逆反心理。相反，集体成员之间互相尊重和信任，特别是领导对员工的尊重和信任，可以激发员工为企业不惜牺牲个人利益的激情，并视此为幸福。二是非物质的精神因素有时比物质因素影响更大。一个人获得幸福的途径多种多样，幸福的内涵也丰富多彩。它是由快乐的心理体验的主观元素和人生生存发展的客观元素构成的。精神方面的活动包括社交、旅游、运动、娱乐、演讲、先进嘉奖、节日慰问等，开展这些精神层面的活动常常使员工津津乐道，长存于记忆中，领导者通过刺激员工幸福感的"敏感区"等方式比纯粹工薪福利等物质的刺激来得更为有效。三是管理者与员工及员工之间关系的融洽程度。在很多的外企中，管理者经常鼓励下属，让员工真正感到工作乐趣无穷，幸福感也在有意无意之间陡然增强。其实，这符合人性的自然本质，有了上司的鼓励，很多员工的创造性才更容易被激发出来。诚然，管理者与员工之间构筑了互信关系，是做好企业各项工作的基础，是一个企业能够走得更高更远的关键所在。这种高度的相互信任感将会给管理者和员工都带来积极、正面的影响，这会为企业的生产和经营造就良性气氛。有了这种互信关系后，管理者通过灵活运用各种刺激手段，把员工"激活"，将他们身上潜在的巨大能量和能力充分发掘出来，使每个人都能满怀热情、创造性地投入工作。另外，与优秀的员工共事也是一种幸福，员工与员工之间应该相互视为兄弟姐妹，在政治上和人格上平等，彼此相互激励、相互交流、相互学习，这样让员工在企业中体会到大家庭的温暖与幸福，双向忠诚的情感自然而然就会被牵引出来。

员工的本职是工作，幸福管理也要围绕工作展开。工作时间占了人的一生的1/3，工作是员工实现自我价值成为幸福人的必然选择。对管理者来说相对于被管理者责任更重，不但要让工作成为员工愉快的旅程，让员工不是为了幸福而工作，而且还应该让工作本身就是幸福的。心本管理者通过内心修炼提高自身的幸福从而提升员工的幸福，心本管理与传统管理模式最大的差别主要表现为两点：一是传统管理模式忽视了人的个性特点与心理特征，即使是人本管理模式也只是强调管理的人性化，也就是企业要求员工干什么，没有深入每个员工的心灵，更没有通过心本管理引发员工内心的自觉即激发员工的自发自动的内容，也就是"企业用人性化的态度要求员工干什么，没有用心本管理的理念激发员工主动愿意干什么"。二是传统管理模式只知道管理他人，不知道管理自己，更不知道如何管理自己的心灵来提升员工的幸福。心本管理理论认为，管理者心灵的自我修炼是管理的基础，唯有心灵的突破，才有事业的突破。

总之，心本管理下的幸福激励要求企业管理者从员工的内心出发，寻找与挖掘员工心灵本来就有的东西并加以激发与引导，从员工生活、健康与心理方面入手，让员工由在工作之余享受人生转变为每天都是幸福的工作，工作本身就是幸福的代名词，这样，员工对企业的忠诚就会自然而然地产生。

员工幸福感与双向忠诚关系如图 2 - 2 所示。

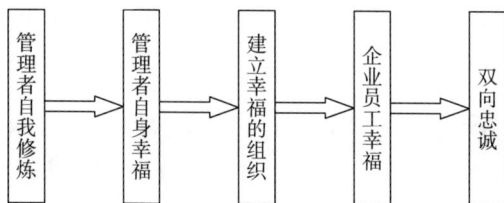

图 2 - 2　员工幸福感与双向忠诚关系

资料来源：胡宇辰，詹宏陆. 基于心本管理的企业员工幸福感提升分析［J］. 江西社会科学，2014（6）：234 - 239.

五、本章小结

本章首先界定了员工忠诚与双向忠诚的内涵，对心理契约、组织公平、领导成员交换、权力距离、离职倾向等相关理论与文献进行了系统的分析与梳理，简单地讨论了各理论与双向忠诚的关系，为研究奠定了理论基础。通过对现有研究的总结和评价，发现了以往研究的不足：一是国内外学者对于知识型员工的研究都处于发展阶段，特别是知识型员工与非知识型员工心理契约差别有待进一步深入。二是国内外学者在企业对员工的忠诚与工作绩效的影响上，往往将知识型员工一概而论，没有区分不同的行业和企业特点对研究对象进行细化。专注度不够，有待提高。三是领导成员交换理论概述中过分强调领导的主导作用，忽略了员工及员工修正、反馈与参与决策执行等方面的作用。四是现有对离职倾向的研究大多数是从单体因素（如组织承诺、工作满意度和组织公平等）视角分开进行，单独讨论，将多个因素综合放在一起讨论的文献相对较少。尤其忽略了忠诚与双向忠诚在职工离职过程中所起的作用。五是研究者往往聚焦于权力距离产生的原因，过分强调我国的高距离权力，以及根据中外权力距离的差异来解释政治、经济、文化等社会现象，没有解决如何缩小组织和成员权力距离方法与措施。根据以上研究的不足与空白，本书给出了研究的突破口。

以往关于忠诚研究的文献多集中于产品营销方面的服务忠诚、顾客忠诚、客户忠诚、品牌忠诚等，为数不多的员工忠诚研究文献往往将员工忠诚作为所研究的诸多变量中的一个，忽略了主管忠诚、领导忠诚与企业忠诚，对于双向忠诚相关的系统性研究鲜见。

长期以来，人们研究企业对员工的忠诚或员工对企业的忠诚一直持单向度观，员工对企业的忠诚占上风，这种理解比较符合传统认识。员工忠诚的主体是员工，是弱小的一方，企业组织是客体，是强大的一方，尤其在国有经济占主导地位的时期，在权利、义务等方面企业和员工之间尽管致力于建立平等合作的关系来提升员工的忠诚度，但确实存在着事实上的不平等关系，国有企业在资金、设备、用工方面占有绝对优势，员工对组织的忠诚和组织对员工的忠诚在内涵、构成维度、作用、特点等方面是不能等同的。

　　由于我国市场经济的高速发展，民营经济发展迅猛，知识与人成为企业生存与发展最主要的核心竞争力，双向忠诚的理论受到越来越多有识之士的高度重视。

　　目前，国内外学者开始重视这种忠诚关系的双向性，出现了两条研究主线：一是基于企业、员工之间的不平等关系角度，即单向度观；二是基于企业、员工之间的平等关系角度，持双向度观，即研究员工与企业之间的相互忠诚关系。由于员工与企业之间的双向忠诚是一种相互共同作用的表现，企业对员工的忠诚与员工对企业的忠诚会相互促进、相互影响与作用。一方一味地牺牲奉献与给予是不会长久的，也是不可能的，尤其在民营企业的创业初期，因此，本书采取员工忠诚的双向度观。

　　本章最后一节是有关激励理论的文献综述，在盟约关系下从股权激励、幸福激励等理论角度为第七章提升双向忠诚措施打下了基础。

第三章
双向忠诚的博弈分析

一、博弈论应用于双向忠诚的可行性分析

忠诚不是天生的，双向忠诚也不是与生俱来一蹴而就的。讲到忠诚必然离不开博弈，忠诚的形成也是一个从顺从到认同再到内化的渐进互动过程。同时，双向忠诚本质上是一种态度和心理取向，是双方的认同和承诺。因而，双向忠诚问题属于超出经济契约的一种心理期望，员工是否忠诚依赖于能否实现与组织理想心理契约关系的缔结。

博弈论是研究利益相互影响情况下，博弈的参与者采取何种策略才能获得最大效用的理论，讨论双向忠诚问题离不开博弈分析，现代企业和员工间的关系日益成为博弈关系，雇佣双方心理契约的缔结就是彼此对对方是否充分履行自己承诺责任的博弈，也是实现双方交换效用平衡和双向忠诚的过程。作为一门研究行为主体相互作用的策略选择理论，基于博弈论的研究特别是基于竞合思想，为民营企业和知识型员工双向忠诚研究提供了有效路径。传统的博弈理论假设行为主体具有完全理性，其行为是完全理性下的决策行为。而现实中行为主体由于自身的技能、认知等方面的不

充分，加上知识型员工之间拥有的信息不同，就使在决策中不能一开始或一次性地得到最优化决策，而是各方在不断"试错"、不断博弈、不断交流沟通过程中寻求各自的最优决策。所以双向忠诚博弈均衡与进行过程表现出了复杂性等特征（王青川，1996）。

（一）博弈参与者与要素

一个完整的博弈应包含如下要素：

1. 参与者

博弈的参与者（Players）是指博弈中能独立采取行动、决策并能够承担决策结果的单位或组织。他们是博弈决策的主体，目的是通过选择行动或战略，使自己支付（效用）水平最大化。一般来说，博弈方越多，过程就会越复杂，结果也就越难预料。

2. 行动

行动（Actions）是参与企业与员工在博弈的某个时点的决策变量，用 A_i 表示，i 为第 i 个参与人。行动集 $A_i = \{a_i\}$，为参与人 i 所有行动的集合，则有行动集：$A_1 = \{$忠诚，不忠诚$\}$，$A_2 = \{$忠诚，不忠诚$\}$。参与企业和员工具有同样的可供选择战略行动策略空间（Strategy Space），但其行动的具体内涵不同。博弈方所选择的策略越多，结果就相应地越复杂。

3. 博弈的次序

进行博弈的次序（the Order of Play）：博弈中各方行动的顺序对于博弈结果是非常关键与重要的。相同的博弈方与相同的策略空间，先后决策并行动和同时决策并行动的结果大不相同，甚至面目全非、大相径庭。

4. 信息

博弈的信息（Information）：信息是博弈中最重要的要素之一，是相关对手策略以及各方获得收益的信息。例如，在各博弈中不能让对手预先知道自己采用何种策略与具体行动，否则自己将永远是输家。本书指企业和员工关于博弈双方行动顺序与行动空间的共同知识。

5. 得益

得益（Pay off）：也称支付，是指博弈方实施策略与行动后的结果。有关收益获得的信息是关键参考值。理性的博弈者总是选择能使自己获得最大收益的策略而不是其他。

6. 均衡

均衡（Equilibrium）：指所有参与企业和员工最优战略的组合，其中第 i 个参与人的最优战略，是使"i"的效用或期望效用最大化的战略。

一旦确定了以上六个要素，博弈也就随之确定。值得注意的是，博弈论特别强调"理性人"的前提假设，即参加博弈的各博弈方始终以自身利益最大化为唯一目标。除非为了实现自身利益最大化的需要，否则不会考虑其他博弈方或者社会利益。

（二）博弈的分类

博弈的分类多种多样，本书归纳如表 3-1 所示：

表 3-1　博弈的分类

按博弈方划分	单人博弈	因为只有一个博弈方，所以它已经归为一般的最优化问题
	多人博弈	多方的博弈比单方的复杂，而且两个以上的博弈会出现合作博弈的问题
按信息划分	完全信息博弈	指各方对自己每种策略的得益情况完全清楚
	不完全信息博弈	指各方对自己每种策略的得益情况不完全清楚
按策略空间划分	有限策略博弈	因为每一种策略都相应地对应一个利益结果，所以从理论上讲，有限策略博弈的结果必然是有限的
	无限策略博弈	无限策略博弈的结果则根据博弈过程有无穷种可能
按博弈次序划分	静态博弈	各博弈方可同时决策并行动的博弈
	动态博弈	各博弈方不是同时决策，而是先后、依次行动的博弈
按得益情况划分	零和博弈	一方收益必来自另一方的损失，零和博弈的博弈方始终是对立关系
	常和博弈	双方都会有收益但收益总和是一个固定常数
	变和博弈	各方不同的策略组合会有不同的收益

续表

按是否有完全 限定的合作 条款划分	合作博弈	往往并不关心单个博弈方的决策，而是从整体上分析所有参与者都选择特定的合作策略时所能够达到的最终结果
	非合作博弈	往往并不关心单个博弈方的决策，而是从整体上分析所有参与者都选择特定的不合作策略时所能够达到的最终结果

本书只从两个维度分析企业与员工双向忠诚的博弈问题：一是企业所有者（企业家）与职业经理人之间的博弈。虽然职业经理人（总经理）在部门经理及员工面前是领导者，但对于民营企业所有者（企业家）而言仍然是被雇佣员工，不过是高级管理人员或高端打工者，具有与其他打工者相同与相似的属性。二是广义的知识型员工与民营企业之间的博弈。

二、企业家与职业经理人之间的博弈

（一）企业家与职业经理人心理契约的不一致

制度经济学契约理论的主要内容之一就是委托—代理理论，指一个或多个行为主体根据一种明示或隐含的契约，指定、雇用另一些行为主体为其服务，同时前者授予后者一定的管理决策权力，并根据后者提供的服务质量数量对其付出的劳动支付相应的报酬。授权者就是委托人，被授权者就是代理人。

委托—代理理论建立在博弈论非对称信息理论的基础上。非对称信息（Asymmetric Information）指行为主体拥有但另一些行为主体不拥有的信息。信息的非对称性可从非对称发生的时间及非对称信息的内容两个角度进行划分。从非对称发生的时间看，非对称性可能发生在当事人签约之前（Ex Ante），也可能发生在签约之后（Ex Post），分别称为事前非对称和事后非对称。研究事前非对称信息博弈的模型称为逆向选择模型（Adverse Selection），研究事后非对称信息的模型称为道德风险模型（Moral Hazard）。从非对称信息的内容看，我们称为隐藏行为模型（Hidden Action）与隐藏知识模型（Hidden Knowledge）。前者指某些参与人的行为（Action），后者指某些参与人隐藏的知识（Knowledge）。

经理人和企业主实际上是委托—代理的关系，股东委托经理人经营管理资产。但事实上，在委托代理关系中，由于信息不对称，企业主和职业经理人之间的契约并不完全，需要依赖经理人的道德自律和双向忠诚。

根据组织委托—代理理论，企业家与职业经理人心理契约不一致，这是因为：①企业所有者希望其持有的股权价值最大化，经理人则希望自身效用最大化，因此股东和经理人之间存在道德风险，需要通过激励和约束机制来引导和限制经理人的行为实现。②如果企业经营良好，由于民营企业主害怕经理人"尾大不掉"，利用手中的各种资源与职权"另起炉灶"，所以往往不敢将权力完全移交给经理人，造成经理人对业主的不忠诚。③企业主的权力下放不到位，造成经理人对企业主的不忠诚，对企业家将信将疑，这样下一步的报复性博弈只求企业的短期收益行为，或者利用职权转移与侵吞公司财产。于是，企业家与经理人之间进入了恶性循环：同样"在其位不谋其政"，或采取损害长远利益的行为。相互反复猜疑行为导致了双方矛盾重重，使得人力资本与货币资本难以很好地结合，最终给企业带来了巨大损失。

针对以上种种现象，赵一兵和刘国君（2003）认为，职业经理人与出资人矛盾的原因在于企业对经理人的激励不足与缺乏约束，以及经理人个人诚信和价值观念问题。但是，还没有运用一种理论对企业家和经理人如相互忠诚与诚信进行深入系统的分析与研究。周敏和贺华峰（2003）认为，企业与职业经理人之间缺乏忠诚与信任的原因主要在于彼此对责、权、利认识得不够深刻，以及我国的法制建设环境不健全和道德规范不成熟。张维迎（2003）指出，企业家与经理人的诚信与信任基础源于重复博弈的建立，这种思路给探索两者之间的关系开辟了一条新的分析思路。本书从这一角度出发，运用博弈论的分析方法对企业家与经理人之间的信任关系进行理论分析。

（二）无制度约束下忠诚博弈的分析

出于企业主对职业经理人特别信任或职业经理人口碑等原因，在职业经理人进入企业工作中未制订相关制度以约束职业经理人不忠诚行为，在这种前提下，企业主与职业经理人之间由于牵涉企业长远利益、经理人的个人利益而使其关系变得较为复杂，但单从两者之间的双向忠诚关系来看，可抽象为四种情况：企业主对经理可以采取信任、不信任两种态度；反过来经理人对企业主来说可能会出现忠诚或不忠诚两种情况。

如图3-1所示，以企业主为起点开始分析。企业主一开始可以选择信任或不信任经理人，如果经理人口碑较差或有职业道德不良记录，企业主预期他很可能会不守信，便会选择不信任经理人，于是双方一开始就没有达成亲密的信任关系，因此双方的收益均为零。这只是便于分析的一种特例，除此之外的大部分情况是企业主采取信任的态度聘请其帮助管理企业。此时，经理人有两种选择：要么忠诚，要么不忠诚。假设双方之间不存在任何有关制度约束，也就是无制度约束下忠诚博弈，那么如果经理人忠诚，双方都会得到10收益；如果经理人不守信，企业家的收益将变为-5，

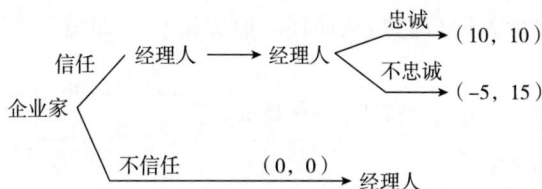

图3-1　无制度约束下忠诚博弈的分析

而经理人的收益为15。在第二种情况下，企业主与经理人之间的博弈属于所谓的零和博弈。一旦经理人不守信，其将从中获得更多收益，而企业将因此受损。

从上述模型中可以得出结论：第一，如果不存在约束经理人的内部规制，企业家是否信任职业经理人将取决于他对于经理人忠诚与否的预期。如果企业家预测其所聘请的经理人将会忠诚于企业，那么他将选择信任；反之，企业家可能采取不信任的态度。第二，在缺乏制度约束的前提下，经理人选择忠诚或不忠诚，他有自由选择权，从理论上说，并不完全取决于企业家的态度，当然如果他愿意选择忠诚也是情理之中。大部分情况是源于其自身的成本—收益分析。如果经理人具有良好的职业操守和道德，他不忠诚的成本将大于收益，也可能是来自心理上的不安，于是他将选择忠诚；否则，他很可能因为不忠诚将会给自己带来更大的收益而放弃职业道德，选择不守信。而一旦经理人选择不忠诚，虽然自己短时期内取得较多收益，但这将给企业造成很大损失。因此，在此种情况下，经理人的良好的职业道德对双方是否能建立起双向忠诚关系将起到关键作用。

（三）有制度约束下忠诚博弈的分析

在现实的企业环境中，企业主在引进职业经理人时会提前预想或制订许多内外部制度来制约企业经理人的行为。在与职业经理人谈判与交流过程中，企业主会将自己看重的方面强化与强调，为了简化分析，我们假设存在这样一种制度，它对于约束企业家和经理人的行为十分有效，一旦经理人有不忠诚行为发生，这种制度将会发生作用，由企业主或董事会利用制度对经理人的行为进行惩罚从而使其收益减少，如图3-2所示：

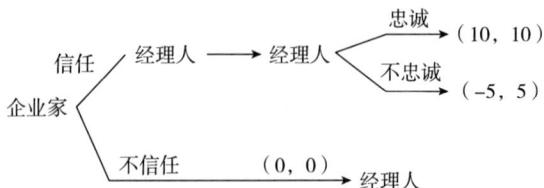

图3-2 有一种制度约束下忠诚博弈的分析

如图 3 - 2 所示，企业主同样有两种抉择：信任或不信任。当企业主选择不信任时，经理人与企业主同样得到的收益都为零。当企业家信任经理人时，经理人也同样面临两种选择：要么忠诚，要么不忠诚。如果忠诚，企业家和经理人同样会得到 10 的收益；而经理人不忠诚时，由于制度将起到惩罚的作用，因此经理人的收益会减少到 5，企业家的收益为 -5。于是在制度的约束下，经理人如果选择不忠诚，收益不但不会增加，反而减少，制度惩罚的损失往往大于其不忠诚获得的收益，所以选择不忠诚反而对其不利。这样经理人很可能会选择忠诚，而企业家则选择信任，于是双向忠诚的良性循环在一定程度上就建立起来了。基于上述分析，我们可以看到，制度约束可能起到这样的作用：它使经理人为了实现其收益最大化而选择忠诚，并且由于他的忠诚行为，使企业家对其产生信任，从而达到双赢。

（四）企业主与经理人多重动态博弈分析

我们假定博弈能够进行 N 次。设想企业主首先选择这样一种策略：我先信任你，只要你忠诚于我，我将永远信任你，也就是企业主首先满足职业经理人的基本要求，实现对经理的所谓忠诚，但是一旦你不忠诚于我，违背了契约，我将不再信任你。这时，经理人有两种选择：如果选择了忠诚，得到的利益是长期的；如果选择不忠诚，由于制度的惩罚而使其得到的利益只是一次性的。在这种机制下，保持忠诚是经理人的利益所在，那么"企业家将信任经理人，经理人忠诚是一个纳什均衡。这种均衡之所以会出现，是因为经理人谋求长远利益时，企业家与经理人的信任博弈可以无限地继续下来，形成重复博弈，于是忠诚在一定程度上稳定地建立起来了"。然而，在现实的企业中，由于缺乏上述博弈重复发生的条件，以至于重复博弈难以实现。又由于合同契约具有一定的时效性，企业经营者并不都对自己离职后长期可持续发展负责，如经理人短期承包大型游乐场所就是如此，因此缺乏长期激励机制促使其积极寻找具有良好职业道德的经理人。对于双方而言，重复博弈建立的基础坍塌了。

　　企业主与职业经理人因徒困境结构说明了双向忠诚的重要作用。那么应当嵌入何种机制加以约束来促进双方忠诚关系的实现呢？张维迎（2010）讨论了三种企业主与职业经理人忠诚与信任实现的机制：一是合同机制；二是感情机制；三是信誉机制也叫声誉机制。这三种机制对实现企业主与职业经理人双向忠诚有很大的借鉴意义：合同机制在很大程度上是一种事先预约的带有违约性质的惩罚机制，约束力较强。但是制度本身也存在着固有的缺陷，如交易成本高，忽略了人的情感因素，而且存在不完全合同问题，故其使用常常受限制。例如，事先规定的内容事后往往由于人的情感因素加入得不到全面执行，使得这种忠诚实现机制有时变得不可靠；而感情机制往往需要长时间的培养，而且，作为经济理性人来说，其成本—收益的比较常常会战胜感情——因为人的情感是波动的极不稳定因素。第三种机制是本节着重讨论的信誉机制。信誉机制的基础源于重复博弈，并且博弈中当事人考虑的是长期收益，而非一次性收益。信誉机制先要建立声誉记录，声誉记录的建立要有一整套的制度，一定程度上说，制度建设对于双向忠诚的建立至关重要。

　　除以上三种情形外，还有一种极端的情况是引入法律机制。陈姣和马君指出（2005），在上述因徒困境博弈结构中引入承诺行动理论，使该结构从静态博弈转变为动态博弈，如果该结构中包括一系列的制度及可置信的威胁战略，博弈均衡就会改变。可置信性是指动态博弈中先行动的博弈方是否该相信后行动的参与人会对自己有利或不利的行动。我们将后行动方将来会采取对先行动方有利的行动称为承诺，而将来会采取对先行动方采取不利的行为称为威胁。但是，弱纳什均衡概念允许这种不可信的承诺和威胁的纳什均衡的存在。某些纳什均衡之所以不是精练纳什均衡，是因为包含了不可信的许诺或威胁。但如果参与人在博弈之前采取某种措施改变自己的行动空间，原来不可信的威胁或许诺就可能变得可信，博弈的精练纳什均衡就可能相应改变。据此，在原博弈加上第三阶段：引入法律机制（经理人滥用企业家信任时选择打官司），如图 3 - 3 所示。尽管经理人采用欺骗手段获得 10 收益并造成企业家亏 5 收益，但是企业家宁可花 2 收益把他告到法院，罚他 10 或 8 收益，那么，预期的惩罚大于所得就会抑制欺骗，促进忠诚。可见，强有力的完善公正的法律制度是实现有效率的分工合作，保障社会公正、公平，提高经济活动效率的有力保证。

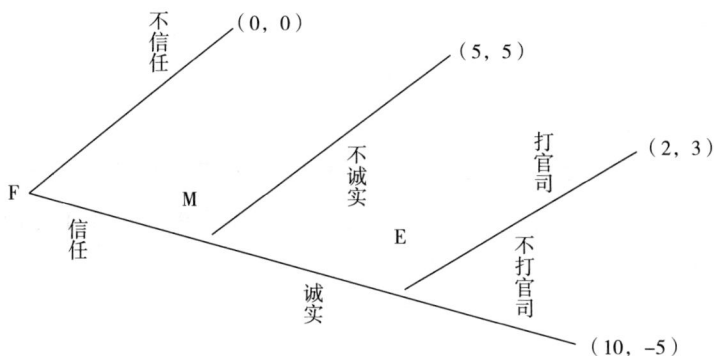

图 3-3 引入可信承诺的企业家与职业经理人动态博弈扩张

下面我们着重讨论信誉机制对企业家与职业经理人动态博弈的影响。委托—代理理论告诉我们：企业主与经理人的代理关系易出现道德风险和逆向选择问题，而该问题的根源是由于双方的信息不对称。一方面，在人才选择的初始阶段，由于社会信息缺乏所谓的声誉记录，企业主不知道经理人过去是否守信，而且也不可能依据以前经理人的口碑对其未来是否守信进行推断，所以一开始企业家对经理人难以完全充分信任；另一方面，当经理人进入企业后，同样由于信息不对称，企业主对经理人的行为是否将有利于企业的长期发展不能完全了解，于是其总是在信任与怀疑之间徘徊。由此看来，建立声誉记录制度对于信任的建立至关重要。如果企业主在聘用经理人之前便可以了解到其过去是否守信，那么企业主将会聘用声誉记录良好的经理人并对其更信任，相反，对声誉记录不好的经理人采取集体封杀，于是图 3-3 中所分析的忠诚博弈便有了实现的基础前提。而且，由于经理人今后忠诚与不忠诚的信息将会在企业之间很快传递，那么职业经理人将主动地建立起忠诚的信誉，于是双向忠诚就有可能实现，而且重复博弈也有条件发生。

　　声誉记录是指政府成立专门信用评级机构通过记录职业经理人在企业的相关信息并同时应用一套系统完整的评价体系对经理人的信誉进行记载。记录的依据可以是企业主的评价或有关部门的奖惩文件，也可以是法院的裁决等。这样建立起的评价档案流动机制将有利于更好监督、激励经理人的行为，随时纠正其短期行为与企业主目标的过度偏差。这种由政府信用评级机构建立、由企业与之共同管理的声誉记录机制对于加强职业经理人人才市场的建设、促进企业家与经理人之间的双向忠诚关系的建立将十分有益，具体表现在：①声誉记录在政府评级机构与企业主之间共享流动，将企业的内在控制制度和外部信息制度建设有机结合起来，这种内外合二为一的监督激励机制效果将更加明显。②声誉记录的建立消除或缓和了企业家与经理人之间信息不对称的现状，同时也有利于减少企业家对经理人的内部监督成本。③声誉记录对于经理人的约束作用十分明显，有利于改善职业经理人人才市场的现有环境，信息透明度的增强使得企业家增加了对经理人的信任程度。

　　基于以上分析，声誉记录制度的建立在一定程度上将促使经理人建立良好的自身声誉，促使重复博弈在下面条件下发生。我们将声誉记录纳入博弈模型中进行检验，得到新的博弈模型，如图3-4所示。

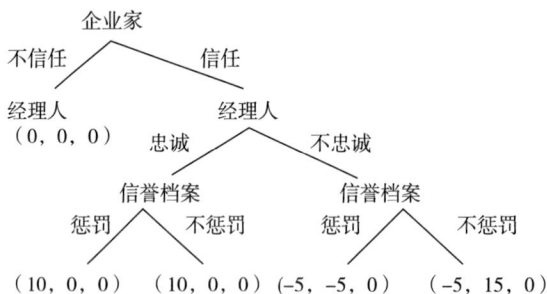

图3-4　建立信誉机制后的企业家与经理人的博弈模型

三、民营企业与员工之间的博弈

囚徒困境理论告诉我们，企业与员工一开始或一次性地得到最优化的最佳策略都是选择彼此对对方不忠诚，由于企业与员工之间拥有的信息不同，这就使在决策中不能一开始或一次性地得到最优化决策，而是在各方不断"试错"、不断博弈、不断交流沟通过程中寻求各自的最优决策。

（一）建立博弈支付矩阵

本书根据民营企业与员工之间的关系建立如下假设：

H3－1：民营企业和员工都是理性的，目的都是追求自身期望收益的最大化，而且收益都是用某个效用尺度来衡量的。

H3－2：民营企业和员工都是智能的，他们知道博弈的一切结果并能做出相应的判断。

H3－3：民营企业员工存在对企业信息的不确定性，但是知道企业对刚进入企业的员工忠诚的概率是 P，不忠诚的概率是 1－P。

H3－4：由于企业与员工之间存在信息的不确定性，而且忠诚的博弈是重复进行的，民营企业与员工之间的博弈服从不完全信息重复动态博弈。

H3－5：明智的民营企业更重视对员工忠诚度的培养，所以投入大量的时间和资金用于对员工忠诚度的调查，以获得对员工忠诚度的激励的依据，并投入更多的资金用于提高员工对企业的忠诚度。

H3－6：民营企业的员工每次从不忠诚到忠诚而获得的报酬不考虑折现因子都是一样的。

H3－7：重复博弈的次数为 t，折现因子为 d（0 < d < 1）。

H3 - 8：员工在第 t 次的选择中都会选择不忠诚，这是民营企业和员工共同知道的信息。

H3 - 9：民营企业以员工第一次是否对企业忠诚作为对其一直到 t + 1 次是否忠诚的判断标准。

根据以上假设建立民营企业与员工第一次博弈支付矩阵如表 3 - 2 和表 3 - 3 所示（陶长琪，2003）。

表 3 - 2　明智的民营企业与员工忠诚博弈支付矩阵

		民营企业（明智的）	
		忠诚	不忠诚
员工	忠诚	$r_1 + s_1 + m_1 - c\, g_{11} - h_1 - m_1$	$r_1 - c\, g_{11}$
	不忠诚	$r_1 + m_1 - f_1\, g_{12} - h_1 - m_1$	$r_1 - f_1\, g_{12}$

表 3 - 3　不明智的民营企业与员工忠诚博弈支付矩阵

		民营企业（不明智的）	
		忠诚	不忠诚
员工	忠诚	$r_2 + s_2 + m_2 - c\, g_{21} - h_2 - m_2$	$r_2 - c\, g_{21}$
	不忠诚	$r_2 + m_2 - f_2\, g_{22} - h_2 - m_2$	$r_2 - f_2\, g_{22}$

说明：

（1）r 为员工为民营企业付出劳动所得到的固定报酬，由于明智的民营企业相对于不明智的民营企业更重视对员工忠诚度的激励，也就是说，员工在明智的民营企业所得到的固定报酬要高于在不明智的民营企业中所得到的报酬，即 $r_1 > r_2$。

（2）s 为民营企业为了让员工忠诚于企业而付给员工的，不包括固定报酬（r）的各种其他报酬激励（也就是企业为了使员工对企业忠诚而付出的额外成本），所以 $s_1 > s_2$。

（3）c 为员工由于对民营企业忠诚而付出的、相对于不忠诚员工的额外成本。

（4）h 为民营企业对员工忠诚而付出的额外成本，由于明智的企业更注重员工对企业忠诚，所以明智的企业必须付出更多的时间和资金，即 $h_1 > h_2$。

（5）f 为由于民营企业认为员工对其不忠诚而采取的对员工的惩罚，由于明智的民营企业注重员工的忠诚度，并采取合理的、有效的惩罚措施，所以 $f_1 > f_2$。

（6）m 为忠诚于员工的民营企业为了员工的利益而付出的额外成本，由于明智的企业更注重员工的忠诚，所以 $m_1 > m_2$。

（7）为了使企业有建立员工忠诚度的动力，必须使：

$$g_{11} - h_1 - m_1 > g_{12}；g_{21} - h_2 - m_2 > g_{22}。$$

为了使员工有对企业忠诚的动力，必须使：

$$r_1 + s_1 + m_1 - c > r_1 - f_1；r_2 + s_2 + m_2 - c > r_2 - f_2。$$

（8）g 为民营企业获得的收益，员工对企业忠诚要比员工对企业不忠诚给企业带来更多的利益。同时，由于忠诚的程度、工作效率等各种因素影响，同样忠诚的员工给对员工忠诚的民营企业带来的利益要多于对员工不忠诚的企业，所以 $g_{11} > g_{12}$，$g_{21} > g_{22}$。

（二）第一次博弈分析

（1）从表 3 - 2 和表 3 - 3 不难发现，无论是明智的民营企业还是不明智的民营企业，员工选择不忠诚都是对企业不利的，所以企业必须建立有效的机制使员工选择对企业忠诚，也就是说，要求企业设立满足的条件使员工选择忠诚比选择不忠诚获得更多的利益。

（2）分别看明智的民营企业、不明智的民营企业与员工之间的博弈，不难得出（不忠诚，不忠诚）是纯策略的纳什均衡，很显然这样的博弈结果是民营企业与员工都不愿意接受的，因为他们都是理性的博弈方，而其他三个博弈结果都不是纳什均衡。

（3）民营企业要想使员工忠诚于自己就必须让员工感到企业会对员工忠诚，尽管这种感觉有时候并不是真实的。如果员工选择对企业忠诚，则

员工期望的效用是 $p(r_1 + s_1 + m_1 - c) + (1 - p)(r_2 - c)$，这是基于明智的民营企业相对于不明智的民营企业更有希望员工忠诚的需要，所以员工会认为明智企业忠诚是可信的，而不明智企业忠诚是不可信的，假设员工选择不忠诚，则员工期望的效用是 $p(r_1 + m_1 - f_1) + (1 - p)r_2$。要使忠诚的效用大于不忠诚的效用，必须使：

$$p(r_1 + s_1 + m_1 - c) + (1 - p)(r_2 - c) > p(r_1 + m_1 - f_1) + (1 - p)r_2$$

$$(3-1)$$

整理得出：

$$p > \frac{f_2 - c}{f_1 + f_2 - s_1} \qquad (3-2)$$

也就是说，民营企业必须通过各种手段使员工认为自己是明智的企业的概率要大于 $\dfrac{f_2 - c}{f_1 + f_2 - s_1}$，才能使员工选择忠诚于企业，而不是不忠诚。

（三）重复博弈分析

1. 民营企业是明智的

尽管刚加入民营企业的员工都保证加入企业后一定会努力工作，对企业忠诚，但是从支付矩阵表1中得出，（不忠诚，不忠诚）是一次博弈的纳什均衡，因此民营企业必须采取措施使在不完全信息动态下经过有限次博弈来达到有利于企业的（忠诚，忠诚）均衡。由于员工往往在刚加入企业时会选择忠诚，以使企业做出对自己一直到第 t-1 次忠诚的判断，明智的民营企业就利用员工这样的心理而选择第一次忠诚。所以不妨假设由于种种原因民营企业会在第 i 次对员工不忠诚（1 < i < t），由于员工的忠诚可能并没有被企业所感觉到，所以此时员工会选择不忠诚，而且不忠诚已经被企业发现，因此得到员工在第 t 个时期的总效用（W_1）：

$$W_1 = (r_1 - c) + d(r_1 - c) + \cdots + d^{i-2}(r_1 - c) + d^{i-1}(r_1 + m_1 - f_1) + \cdots +$$
$$d^{i-2}(r_1 + m_1 - f_1) + d^{i-1}(r_1 + m_1 - f_1) \qquad (3-3)$$

如果员工在第 t 次以前，不管企业忠诚与否都选择对企业忠诚，则员工在第 t 次选择中所获得的总效用（W_2）是：

$$W_2 = (r_1 - c) + d(r_1 - c) + \cdots + d^{i-2}(r_1 - c) + d^{i-1}(r_1 + m_1 + s_1 - c) + \cdots +$$
$$d^{i-2}(r_1 + m_1 + s_1 - c) + d^{i-1}(r_1 + m_1 + s_1 - c) \qquad (3-4)$$

所以，企业要使员工对企业忠诚而不是选择不忠诚，必须使 $W_2 > W_1$，整理得：

$$s_1 + f_1 > c \qquad (3-5)$$

2. 民营企业是不明智的

由于民营企业的不明智信息已经被员工所了解，所以员工在进入企业时就会认为企业不会对自己忠诚而选择对企业不忠诚。员工如果选择对企业忠诚，即使给企业带来了巨大利润，而他所面对的是不明智的企业，他的忠诚不能被企业所认可，努力就会白费，也就是说，他的收益相对于为企业创造的利润反而会减少。所以面对不明智的企业，员工刚进入企业的第一步一般会不忠诚，然后可能在以后的行动中选择忠诚的策略。而对于不明智的企业极有可能认为员工刚进入企业一定会忠诚，而选择对员工忠诚，此时企业的收益是：$g_{22} - h_2 - m_2$，小于选择不忠诚而员工选择忠诚的收益。当员工感到企业对自己忠诚，并得到收益（企业为了使员工忠诚而付出的成本）时，极有可能也采取对民营企业在不完全信息动态下经过有限次博弈来达到有利于企业忠诚的态度。

而对于企业而言，当对员工忠诚但是不能换取员工的忠诚时，由于不想放弃员工（因为员工的流失会给企业带来一定的损失），会在以后再一次选择对员工忠诚。本书假设除第一次外，企业还会在第 i 次选择对员工忠诚。因此，员工会在第 2 次到第 t 次选择对企业忠诚，但是我们应该注意的是，尽管员工从第 2 次开始选择对企业忠诚，可是企业会认为员工从第 i 次到第 i-1 次都是对企业不忠诚的，直到第 i 次企业才认为员工对自己是忠诚的。由以上分析不难得出，此种形式下的员工在 t 次行为的总效用（W_3）为：

$$W_3 = (w_2 + m_2 - f_2) + d(r_2 + m_2 - f_2) + \cdots + d^{i-2}(r_2 + m_2 - f_2) +$$
$$d^{i-1}(r_2 + s_2 + m_2 - c) + \cdots + d^{i-2}(r_2 + s_2 + m_2 - c) +$$

$$d^{i-1}(r_2 - f_2) \qquad (3-6)$$

本书假设员工除第 t 次外，不管企业对其忠诚与否都选择对企业忠诚，那么员工在第 t 次行动中所获得的总效用（W_4）为：

$$W_4 = (r_2 + s_2 - m_2 - c) + d(r_2 + s_2 - m_2 - c) + \cdots + d^{i-2}(r_2 + s_2 - m_2 - c) +$$
$$d^{i-1}(r_2 + s_2 + m_2 - c) + \cdots + d^{i-2}(r_2 + s_2 + m_2 - c) + d^{i-1}(r_2 - f_2)$$
$$(3-7)$$

企业要想使员工对企业忠诚而不选择对企业不忠诚，必须使 $W_4 > W_3$，整理得：

$$s_2 + f_2 > c \qquad (3-8)$$

四、本章小结

在无限次的重复博弈中，企业主与职业经理人运用合同机制、感情机制、信誉机制可以使两者走出囚徒困境，但大部分情况下，企业与职业经理的忠诚博弈很难达到无限次的重复博弈。在有限次的重复博弈中若能引入信誉档案激励机制，将化解有限次重复博弈的囚徒困境。信誉档案不仅是对职业经理人一段时期工作能力、忠诚程度、工作绩效等一系列指标做出的综合评价，而且会影响企业对经理人未来的支付进而影响经理人长期的效用。信誉档案制度不仅适用于职业经理人，也适用于一般知识型员工。不过这项工作要政府与企业、员工三者共同推动完成，客观性、公正性成最大难点，此项工作任重道远。

本章第二节通过对企业与员工忠诚的博弈分析，得出（不忠诚，不忠诚）是一次博弈的纳什均衡。因此企业必须采取有效措施使有限次博弈达到（忠诚，忠诚）的均衡。这样才能达到双向忠诚的互惠双赢，通过重复博弈得出：企业解决员工不忠诚问题的根本途径是加大对员工忠诚行动的投入。企业高工资不会一定导致员工的高忠诚度，但工资过低是导致员工不忠诚的充分条件，但非必要条件。因此不论是明智企业与非明智企业，如果员工进入企业后采取忠诚行动，在工作中全身心地投入，表现出较强的敬业爱岗精神，即在企业中付出较大的忠诚代价，则必然会反过来促进企业忠诚度的提高，且员工为企业付出的忠诚代价越大，企业的忠诚度将会越高。这不但得到双赢结果，而且由于企业高忠诚度会进一步提高员工的忠诚度，形成双向忠诚的互惠双赢局面。

第四章
双向忠诚内涵结构的质化研究

　　本章重点解决一个问题，即双向忠诚是什么？其内涵结构有哪些维度？双向忠诚的内容结构研究应首先确定研究的范围，然后对此范围内双向忠诚的内容进行分析，进而有针对性地构建适合我国民营企业与知识型员工双向忠诚的内容问卷，为实证研究构建双向忠诚的初步研究模型。

　　学界对于双向忠诚的内容结构缺乏统一的认识，相关的实证检验研究鲜见。本书在分析双向忠诚相关文献的基础上，通过实地调查、访谈、讨论会、调查问卷来收集双向忠诚的内容题项，编制双向忠诚的预试问卷，通过小规模预试分析问卷的质量，再根据大规模问卷调查结果进行探索性因子分析，初步确定双向忠诚的内容结构，然后采用验证性因子分析进行实证检验，并检验双向忠诚问卷的信度和效度，进而确定双向忠诚的内容问卷，在明确双向忠诚是其内容维度的二阶因子后，再运用全模型深入探讨双向忠诚各个内容维度之间的相互关系，为后续研究奠定坚实的基础。

一、双向忠诚的相关变量

（一）双向忠诚的前因变量

有许多因素可能对员工对企业的忠诚度产生影响，如员工内在的个体人格特征、外在的企业组织环境因素等。在员工对企业忠诚的前因变量研究过程中，已有的研究成果较多。

Yogesh Kumar Dwivedi Anju（2007）指出员工忠诚有四个重要的态度性驱动因素和五个经验性的忠诚驱动因素。四个态度性驱动因素分别是关注员工、职业发展机会、工作质量和品牌；五个经验性的忠诚驱动因素分别是关心员工、组织公平、员工满意度、薪酬福利和成就感。从现有的研究文献来看，知识型员工忠诚与普通员工忠诚前因变量侧重点有所不同，普通员工忠诚侧重高薪酬福利、工作安全、工作条件以及人际关系等保健因素，而知识型员工忠诚侧重激励因素，包括工作性质本身、主管认可、工作成就和社会责任等，这些因素涉及对工作的积极的情感，又和工作本身的内容细节息息相关。可以这么说，知识型员工产生忠诚的主要因素集中在公司的最高目标价值与文化精髓、公司在国内外的知名度、一流的先进管理、工作中是否有足够的自治度、自由度以及工作本身是否具有挑战性等，相对而言保健因素得分较低。组织层面的因素还可以包括外界环境的因素等。总之，员工忠诚具有复杂性、多样性与多变性的特征，这些特征使员工忠诚成为最令人难以捉摸的东西。

然而人与人之间的信任与忠诚都是相互的，如果下属信任上级、员工信任企业，相反而上级却不信任下属、企业不信任员工，企业这种信任与忠诚不对称的状态会减弱下属对上级的信赖与认同，关键是这种单向的信任与忠诚绝对不会持久，下属的忠诚水平也会逐渐降低。因此，增强上下级之间的双向信任与忠诚，是赢得下属忠诚的基础。关于企业对员工的忠诚，《孙子·谋攻》中有"上下同欲者胜"，讲的是价值观一致，企业与员工唯有"道"同，方可为谋，价值观一致是忠诚的保障，如果上下级的价值观不一致，即使下属觉得上级充分信任自己，也可能出现"道不同不相为谋"而降低忠诚。最终必然分道扬镳，因为价值观不一致时，下属很难从心理上感觉上级所给予的任何信任行为，更何谈忠诚。企业只有通过对知识型员工的尊重来激发他们的潜能，进而更好地实现管理目标，具体表现为企业成员间共享价值观、共同愿景和统一的行为规范（胡宇辰和詹宏陆，2014）。马云在《赢在中国》中说过：企业的使命就是寻找与企业使命相同的员工，然后搭建平台帮助他们与企业共同成功，所以双向忠诚的重要前因变量就是：企业与员工价值观一致。双向信任与忠诚应该是优秀企业文化的核心内容，如果企业主动把帮助员工实现其人生价值作为企业的主流文化则最为恰当不过了。

双向忠诚的前因变量因素还有增强企业与主管对员工的可信任度。企业作为强者，相对于员工来讲掌握更多资源，对员工忠诚是对弱者的关怀与激励，出于信息不对称等原因，员工对企业与主管的信任是不够充分的，这就要求企业与主管通过增强自身的可信任度，做到言行一致，可以主动在下属中建立起信任，进而赢得下属的忠诚。而如何增强自身可信任度，对于领导者与主管应注重加强自身修养，提升自己的管理能力，提高自身的道德素质，通过从交易型领导向变革型领导转变、从威权领导到仁慈与德行领导的领导方式的转化，不断从观念与行动上强化自己的可信任度。

鼓励员工实现自我发展也是企业对员工忠诚的重要前因变量，员工在认同企业对自己的忠诚度时并不看公司口头的承诺，更多的是在乎公司在实际行动中究竟兑现了什么、兑现了多少。在一些企业的文化理念规范范本中，列诸前条的都是对企业愿景及员工的自我发展进行的美好描绘，但在具体细节与落实上却人为设置了许多的条条框框。有的企业一方面在员工职业生涯规划培训上耗费巨资，另一方面又在员工自我价值实现的道路上设置各种障碍，这种矛盾的行为体现出对员工的不忠诚。尤其是社会改革发展到今天，由于员工的身份不同，如所有制、地域、学历职称等而限制了部分知识型员工的发展，都将会由于这种企业对员工的不忠诚而导致知识型员工对企业忠诚度的下降。基本上，员工更愿意为那些能给他们实现自身价值和发展的企业"卖命"。所以从理论上看，留住人才的上策是尽力在企业里扶植并帮助他们。

以上是双向忠诚三个重要的前因变量（具体在第六章中加以实证分析），其他前因变量还有领导充分尊重知识型员工、建立有竞争力的薪酬激励机制、提供和谐的外部工作环境、建立经常性的企业与员工沟通渠道。

（二）双向忠诚的结果变量

双向忠诚一旦建立起来，必然会在实际工作中有所体现，最终影响员工的工作绩效。根据组织行为学的研究，员工对于企业忠诚度的高低会影响他们以后的态度与行为，给工作与生活带来极大的影响，包括员工即将要做的关系个人与家庭的重大决策，最重大的事项就是离职意向，其他还有在工作中是否及时举报与检举不诚实同事的不当与可疑之处、是否有离职行为等。员工忠诚同样会影响员工对于社会伦理困境的处理，如是否讲实话等。最终都会归结至一点：员工忠诚会影响工作绩效。从企业角度来讲，企业对员工忠诚也会影响员工的职业发展、个人的升迁与提拔、工作满意度，最终影响个人目标价值的实现。

单从员工忠诚的结果变量来看，钱新（2009）认为：员工听话并不代表忠诚。他在《员工忠诚的认识误区与应对》一文中提出了"四个不等于"：一切行动听指挥不等于员工忠诚；想法一致不等于员工忠诚；价值观认同不等于员工忠诚；从一而终的坚守不等于员工忠诚。当然这些结果都部分地反映了员工忠诚的结果变量，只是不够全面与系统。从双向忠诚的角度来看，具体表现为以下几个方面：

1. 双向忠诚与企业与员工的双赢

第三章博弈分析中我们得出初步结论：双向忠诚可以摆脱企业与员工的囚徒困境从而取得双赢的结果。要想取得双赢局面，从企业方面来讲，就是企业绩效的提高，在企业价值最大化的基础上实现可持续发展，在做大做强的基础上获得社会的承认与认可；对员工来讲，就是实现个人价值，在获得一定物质财富的基础上，个人人生价值得以最大实现，精神方面获得充分满足及获得社会的普遍承认与认可。从当前企业的现状来看，普遍比较薄弱的环节就是企业为员工提供良好的个人成长空间及精神激励方面，企业为自己着想比为员工着想得多，核心圈子基本为家族成员。这告诉我们，企业在给员工改善薪酬福利、工作环境、医疗保障等方面的基础上，关键是要为员工提供良好的个人成长空间与更多的机会、工作成就感和良好工作氛围。马云说过这样一段话："员工辞职无非就两种原因：一是钱给得不到位，二是心里委屈了。这归根结底就一条：干的不爽。员工之所以找各种靠谱的理由辞职，无非就是给你留面子不想说穿你的管理有多烂，已对你失望透顶。"当然这些话有些过激，但也说出了现状与事实。目前国外流行的做法是股票期权激励与全员身股制。我国走向国际化的跨国公司，如华为公司与阿里巴巴沿用了这一优良的做法。在企业与员工双向忠诚的基础上实现双赢方面取得了良好的效果，也为我国企业管理者提供了可以借鉴的经验与效仿的先例。

2. 双向忠诚与工作绩效

现有纯粹研究双向忠诚与工作绩效关系的文献几乎没有，但是我们有理由认为双向忠诚与员工工作绩效之间存在着一定的调节变量与中间变量的影响，可以通过其他变量研究进行探索性测试。Graen 等（1975）在领导—成员交换水平（LMX）的研究中发现，较高水平的领导与员工双方关系导致员工工作绩效的提高，同时处于较高水平的 LMX 关系会使更多有效信息从领导传达到员工，使员工获取更多的信任支持度和影响力。Gerstner 和 Day（1997）研究发现，LMX 与企业对员工的工作绩效评估呈正相关。我国台湾中正大学心理学系副教授姜定宇等（2003）探讨了员工组织忠诚对工作绩效的影响，他运用民营企业和公营企业两个样本进行实证分析，进行了探索性因子分析和验证性因子分析，得出员工忠诚（单向）与工作绩效间具有正相关关系。Brown（2006）基于对英国国内的员工忠诚与工作绩效关系的调查数据，探讨了员工忠诚（单向）对企业财务绩效与劳动生产率的影响，结果表明，员工忠诚会提高劳动生产率和企业的财务绩效。王辉等（2005）以国外问卷为基础，在我国文化背景下研究了LMX对员工绩效和组织承诺的影响，研究结论表明，LMX对员工绩效和组织承诺有显著影响，LMX与员工工作绩效正向相关。

3. 双向忠诚与离职意向

双向忠诚的建立会成为知识型员工在工作岗位中有效开展工作的基础，当然这也就包括如是否继续留在该企业组织内部工作及在该工作岗位的工作年限等主要决定。从一而终的员工是否是好员工？企业是否需要员工终身留下来？这些问题是双向忠诚必须明确的问题。由于员工在一家企业内长期工作必然要遭遇各种各样的瓶颈。现在企业中流行的做法是"不为终身所有，但为终身所用"。站在企业角度，企业都是按需用人，员工的最大价值就在于其专业特长能否与企业急切需求相融合与相匹配。因此，从双向忠诚角度，员工选择最需要自己的企业，可能会使其获得更大的发展空间和更多的个人提升机会。"科学管理之父"弗雷德里克·温斯洛·泰勒认为：忠诚是忠于某个企业据以长期服务于所有成员的各种价值观与原则。一旦曾经为之奋斗的这些理念不存在了，员工就可以选择主动要求离开。企业也可以从员工个人长期发展的高度允许员工"良禽择木而栖，贤臣择主而侍"。在大多数情况下，企业与员工都是具有一定自由权利而相互独立的个体。个体的知识型员工无权也无法决定或改变企业的经营战略与方针（当然职业经理人除外）。企业有招收新员工的权利，相对地，知识型员工也有选择企业的权利。随着社会经济的发展和变化，企业原有的价值观和文化也处于不断的变化中。一旦企业出现个体知识型员工无法接受的价值观与目标理想时，知识型员工的离职与流动无疑对双方都是有利的；另外，在知识型员工离职后，在双方约定的一定时期内能保守原来企业的重要情报信息与商业秘密，不从事有损于原来企业利益的行为，这丝毫无损于员工与企业的双向忠诚。

二、双向忠诚的研究内容、思路、方法与研究过程

（一）研究内容

本书摒弃传统的以员工单向忠诚为视角的做法，以企业与员工的双向忠诚为研究视角，在传统的心理契约理论基础上嵌入盟约理论作为连接两者的桥梁。以领导—员工交换关系（LMX）为中介变量，知识型员工个体与工作绩效、员工之间、员工与主管匹配为调节变量，建立以企业与员工双赢为结果变量的多变量模型，在整合忠诚理论、领导理论、组织公民行为理论、股票期权理论、社会交换理论、心理学理论以及企业与外界环境匹配等前沿理论基础上，从组织行为学视角展开三个方面的研究，分别是①双向忠诚的内涵结构与测量研究；②双向忠诚的主要影响因素研究；③双向忠诚作用效能的中介、调节机理研究。

（二）研究思路

本章立足本土化的组织情境，侧重研究在企业对员工的忠诚作用机理下如何实现双向忠诚，从而实现企业与员工双赢。在确立研究思路时，必须明晰下面几个问题。

1. 明晰本土化的组织情境是重要的文化特征

中国组织环境的第一个文化特征是高权力距离。我国有 5000 多年的文明史，受传统文化的影响，领导者在非领导者眼中具有高度权威，相应地相比西方国家而言，我国组织的上下级权力距离很大。同时中国又是一

个典型的以集体氛围中关系为导向的社会，形成了以自我为中心的差序扩散的格局。

第二个文化特征是集体主义组织中家长式领导。樊景立和郑伯熏（2000）指出，华人社会在文化、价值观上与西方存在巨大差异，我们不能忽视了华人领导行为独特而且重要的方面。从我国各种不同类型的所有制企业来看，家长式领导并非仅为家族企业所独有，在各种类型的所有制企业中均有所体现。

第三个文化特征是个体从属于社会组织，个人价值通过社会组织得以体现。徐行言（2005）指出：西方文化强调人的独立性，甚至有些极端的个人英雄主义，要求每个人都要对自己的命运负责。东方文化包括日本与中国文化则把人理解为类的存在物，日本的"株式会社"就是如此，它的含义是指企业如同一个大家庭，为了避免家庭内部成员产生对抗，每一个人都对维持家庭内部的和谐团结负有一定的责任。他们重视人的社会价值，仅把人看作群体中的一分子，是个体所属社会关系的派生物，个体的价值因群体而存在并借此体现。

总之，由于中西方的文化背景存在较大差异，虽然西方情景下已经发展较好的理论和模型可以成为我国研究借鉴的起点，但是由于文化差异的客观事实，需要我们进行本土化的嫁接、改造与创新，在新的情境下产生能够对我国实践有指导意义的思想与理论。忠诚是我国5000多年历史传统文化的核心价值观之一，已历经了历史的多次演变。因此，应基于我国民营企业实际情况和文化背景来探讨知识型员工双向忠诚的本土化内涵、作用机理，进而探讨双向忠诚对于提高员工自身职业发展能力、企业绩效及企业可持续发展能力的实际价值，这对于处于民营企业产业转型升级环境下的企业管理既具有理论借鉴价值，又具有实际应用价值。

2. 明确本书研究的对象

我们知道：企业是通过金字塔模式来实行具体事务管理。本书研究的主体对象概略地说是矛盾统一体的双方：企业与员工，具体说是民营企业与知识型员工。民营企业从具体人员上讲，应该是指民营企业的所有者，占企业股份最大的股东或是具有决定民营企业命运的实际控制人，如果从执行企业政策角度来讲，企业的各级领导者、政策执行者都代表企业。员工概念通常被人们理解为没有职务的人数众多的组织成员，少数有职务的组织成员则被视为领导者与管理者。部属是一个相对概念，即部下与下属的统称，是相对上级领导者而言的。

本书选择国内外学者观点作为理论指导，并借鉴我国优秀企业成功的经验应用于本书。本书选择心理契约理论基础上的盟约理论为理论指导，应用"股票期权激励"、"全员身股制"、"年薪延付激励"等前沿理论应用于企业与员工双向忠诚的实践，以双向忠诚与组织情境相互作用为本研究的主线，并将这根主线贯穿于研究的全过程来进行研究设计。

本书的研究思路具体如图 4-1 所示。

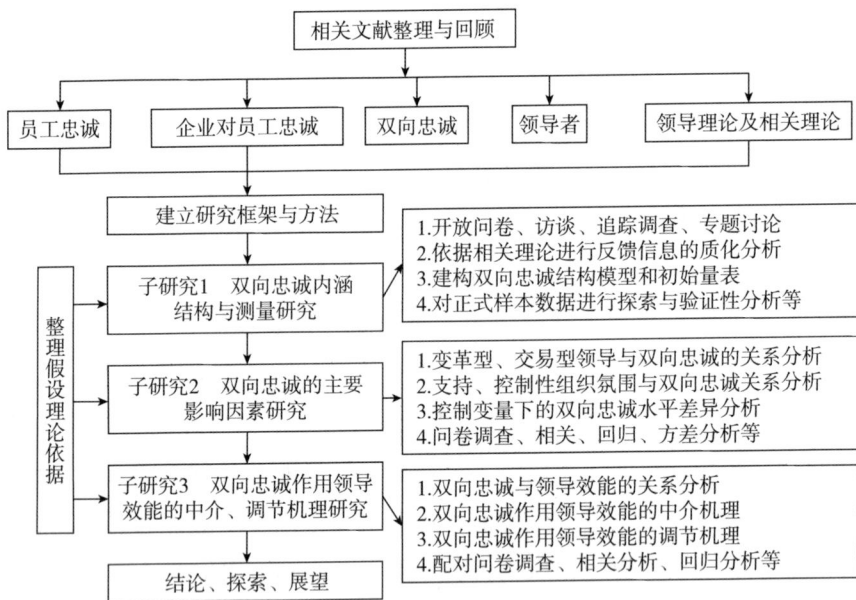

图 4-1　本书的研究思路

（三）研究方法

在双向忠诚的现有研究中，质化研究较多而量化研究有限，虽然不乏系统性和创新性，但有的研究只是选择自己偏好的理论观点进行理论阐述，而缺乏实际情景环境，造成缺乏实证或实证不够充分。双向忠诚的评价因其概念内涵的复杂性、多样性、主观性较强而方法各异，目前流行的方法主要有比率法、神经网络分析、问卷调查法、层次分析法、模糊综合评价、360 度综合评价法等，就上述研究方法而言，均有其自身的适用条件和各种局限，均有各自的缺点与优势。对员工忠诚至今尚未形成统一的评价模型，对双向忠诚问题更是刚刚触及，只有定性方面的文字阐述，没有全面系统的定量与实证方面的成果。相应地，其评价结果往往也很难进行比较。鉴于以上因素，本书采取结构方程模型（SEM）对双向忠诚问题进行研究。结构方程模型是近年来应用统计学领域中应用最广泛、最流行且发展迅速的一种理论模型鉴定的统计方法，其优点在于可以同时分析多变量及变量之间的复杂关系，不但可以同时计算多个自变量之间的相互关系，也可以同时计算多个因变量之间的关系，还可以帮助研究者准确估计出测量误差和其他参数值，这样就大大提高整体测量的准确性。

因此，本书结合大样本问卷调查的结果，采取 SEM 技术开发企业与员工双向忠诚量表进行实证研究，主要统计工具为 SPSS17.0、EVIEWS7.0、AMOS6.0。由于双向忠诚问题研究才刚刚开始，现有研究对双向忠诚基本内涵的释义与理解存在不一致，国内外可借鉴的双向忠诚量表空白，而量表是进行企业与员工双向忠诚问题实证研究的基础和重要的前提。因此，迫切需要开发出信度和效度较好的本土化员工双向忠诚量表。由于不同学者在研究中采用的员工忠诚度测量量表的差异较大，这无疑给双向忠诚测量量表的设计带来一定的难度。

（四）研究过程

1. 样本采集

本书的调查问卷分四个时间段来分步完成，具体如下：

第一时间段是员工忠诚（单向）开放式问卷调查，由于以前文献研究成果较多，所以本阶段的研究以文献研究法为主，同时结合企业人力资源专家座谈，重点在于归纳总结前人研究的成果，梳理有关如何提高员工忠诚度方面的理念与思路。本阶段于 2013 年 10 月底前完成。发放开放问卷430 份，在安徽省安庆市、宣城市开发区所属民营企业中收集反馈信息，建构员工忠诚结构模型和初始问卷。

第二时间段是企业对员工忠诚（单向）开放式问卷调查，于 2014 年 3月完成，由于这方面研究文献较少，最新的研究成果亦较少，所以事先进行初始问卷的预测试，以探索企业对员工忠诚的结构与初始量表的效度与信度，在预测试的基础上对量表的结构与条目进行调整与修订，形成比较正式的调查问卷。在此过程中，发放正式问卷 430 份，在安徽省安庆市与江西省九江市和其他两个地级市的多行业民营企业中采样，并将所收集的有效问卷随机分成 A、B 样本，样本 A 用于探索性因素分析，样本 B 用于验证性因素分析。

第三时间段是企业与员工双向忠诚及两者忠诚度（双向）的影响测量，于 2014 年 7 月底完成。调查对象分为两类，即无职务的普通知识型员工和有低中高层领导职务的知识型员工包括职业经理人。发放调查问卷410 份，在江西省九江市和安徽省三个地级市选择以酒店服务与工业生产加工两类岗位为主的多类型企业进行采样。除探讨交易型领导、变革型领导、员工满意、组织承诺、离职倾向等对双向忠诚的影响外，还进行人口学、组织行为学变量下双向忠诚的差异分析。

第四时间段是双向忠诚相互作用机理问卷调查，于 2014 年 11 月底前完成。此次为企业—员工配对互评问卷调查。其中企业对员工忠诚由民营企业法人或董事长或由其委托人完成，问卷评价其对各级员工的忠诚措施、程度、变革预想等内容。共发放调查问卷 430 份，其中企业法人或董事长问卷 50 份、各级员工问卷 220 份、其余问卷 160 份，在江西省九江市和安徽省三个地级市多行业民营企业中采样。

以上问卷调查均是依靠研究者本人和二位博士生同学与三位硕士学友

在安徽、江西两省的同学、朋友及亲属完成，与被测试企业先行取得联系，获得民营企业的领导同意后，再分为两个调查小组，每组三人分赴各地民营企业进行实地抽样。抽样调查采取现场发卷、现场答卷、现场收回的方法，每份问卷都要求被试者在 8 分钟内完成，以防止被试者刻意琢磨测试者意图。为了不影响企业的正常工作与运转，测试小组深入各车间、班组或利用酒店人员工作间隙进行，并对测试数据进行直接采样和登记编号。

2. 开放调查

研究分为三个调查样本，样本 1 为开放式调查问卷；样本 2 为员工对企业忠诚问题的访谈；样本 3 为企业如何实现对员工忠诚的专题座谈。样本的构成详细情况如下：样本 1 为双方（企业领导、员工）开放式问卷，调查在安徽省安庆、宣城两市高新技术经济开发区多类型企业中进行。共发出开放式问卷 430 份（其中员工问卷 330 份、企业领导问卷 100 份）。回收有效问卷 276 份（其中员工问卷 198 份、领导问卷 78 份）。样本 1（合并统计两种开放式问卷）的年龄在 19～58 岁，平均年龄为 33.24 岁，平均工龄为 17.35 年。从性别上区分，其中男性为 157 人（占 56.89%）、女性为 108 人（占 39.1%）、缺失数据 11 个（占 3.98%）。文化程度为：高中（中专）及以下为 86 人（占 31.15%）、专科（高职）79 人（占 28.62%）、本科 84 人（占 30.43%）、硕博研究生及以上（硕士 13 人、博士 1 人）14 人（占 4.71%）、缺失数据 13 个（占 4.71%）。就职位层次来区分：78 份领导者开放式问卷中，公司（法人）一级领导 18 人（占 23.07%）、公司二级机构（部门经理级）领导 60 人（占 77.21%）。198 份员工的开放式问卷中，从事第一线车间（生产加工）的普通员工 87 人（占 43.94%）、从事产品营销的员工 81 人（占 40.91%）、从事技术工作的员工 13 人（占 6.56%）、从事机关事务工作的员工 11 人（占 5.55%）、缺失数据 6 个（占 3.03%）。

样本 2 为预先设定的半结构式访谈，受访对象 14 人。访谈目的是了解双向忠诚的思想观念与典型行为特征。其中 3 人为公司法人级领导者，主要了解他们在双向忠诚过程中对员工追随的基本要求；5 人为民营企业部门经理级（二级机构）管理者，这类人员既是领导者又是员工，既有忠诚对象又有被忠诚对象，他们最熟悉忠诚行为的基本特征和领导者对部属的行为要求；6 人为普通技术员工（5 人为积极忠诚型，1 人为被动忠诚型）。14 名受访对象中，男性 9 人、女性 5 人，平均年龄 34.8 岁，平均工龄为 18 年。文化程度为：专科及以下 4 人、本科 6 人、研究生 4 人。

样本 3 为民营企业人力资源经理座谈会，邀请安徽安庆市的企业人力资源部经理进行座谈，实际与会者 10 人（缺席 6 人），其中人力资源部经理 8 人，人力资源部一般工作人员 2 人。

3. 问卷初步设计与处理

第一项是开放式问卷初步设计：第一步，调查者深入 3~4 个企业进行前期预调查，了解企业各级领导者与其员工对忠诚度、员工忠诚、双向忠诚概念的熟悉情况，以及企业中的真实双向忠诚的现状与动态。通过前期调查发现，本土企业的各级领导和员工对双向忠诚理论还很陌生，但都认为忠诚应该是双向的。

第二步，设计各层次领导、员工两种视角的开放调查问卷的选项，以及被测试人员的基本信息。考虑到开放调查问卷是整个研究的第一步，将对后面的研究产生实质性影响，所以必须根据二级子目录的研究内容来设计开放问卷。

设计领导问卷的主要选项是：①从企业领导者角度，你对员工的忠诚态度与行为有哪些基本要求？②你认为哪种组织环境氛围有利于员工忠诚的提升，哪种组织环境会抑制员工的忠诚度？③你认为哪些领导思想与行为有利于员工的忠诚度提升，哪些领导思想与行为会抑制员工的忠诚度提升？④你认为领导者和员工应该保持一种怎样的人际关系？这种关系对双向忠诚的效能起什么作用？⑤你认为员工会出于哪些动机增强对企业及领导的忠诚度？⑥你认为企业对员工的忠诚是以怎样的方式作用于员工忠诚度的？

设计员工问卷的主要选项是：①你认为一个忠诚的员工应该具有哪些

态度与行为特征？②你出于哪些动机来实现你的忠诚？③你认为企业与员工应该保持一种怎样的人际关系才有利于激发员工的忠诚？④有哪些因素会影响你的忠诚而主动追随领导者？⑤你认为你的忠诚是以怎样的形式作用于企业对你的忠诚？⑥你留在目前企业的原因是对职业忠诚、对主管忠诚还是对企业（所有者）忠诚？你认为你的各种忠诚度如何？

在设计问项时，考虑到本土企业各层次领导者和员工对忠诚度、员工忠诚、双向忠诚概念并不熟悉而无法准确答对所问，设计者在开放式问卷中对忠诚度、员工忠诚、双向忠诚概念做了简短的注释。

第三步，开放式问卷的检查与送审，请导师和校外两位具有丰富经验的人力资源专家，对开放问卷的各选项进行整理推敲和审定。

第四步，通过熟人、同门师兄弟与同学等关系与被试企业的领导取得联络，征得他们的支持与同意后，研究者到被试企业发放并回收开放调查问卷。

第五步，开放调查问卷回收后，按下列标准筛选有效问卷作为研究之需：①缺少基本信息的问卷为无效问卷。②剔除回答态度不认真的问卷，包括字迹无法识别清楚、意思表达不够明确，或随意涂鸦的问卷。③剔除与选项内容不相关的问卷，或与选项意义相反的问卷。此三类问卷统一作为废卷处理，不再作为研究之用。

第二项是半结构式访谈的设计：受访对象包括民营企业所有者、知识型员工和既是领导者又是被领导者的中层管理者。以面对面、一对一的形式进行访谈。访谈时间约为 45 分钟。内容主要为开放问卷中的诸多选项，但受访者可以按照自己的亲身经历、主观感受对每一个问题提出自己的个人见解，甚至可以列举案例，访谈方式为询问式，受访者根据所提问题发挥空间较大。由于三种受访对象所承担的使命与职责不同，研究者对三种受访对象的访谈内容是有所区别的，根据受访对象的使命与职责各有侧重。与民营企业所有者的访谈侧重了解企业目标是否与员工目标相近、对忠诚员工应该具有的态度、行为的基本要求；与普通知识型员工的访谈侧重了解部属对企业忠诚的基本动因、态度与行为特征和忠诚的表现形式；

与中层管理者的访谈，由于中层管理者是实现双向忠诚的桥梁，也是企业组织承上启下的纽带，更是企业人际关系的重要交集点，了解他们的心理感受与酸甜苦辣就等于找到了双向忠诚的敲门砖与突破口。所以他们的访谈作为重中之重，具体分为三步：第一步，首先受访者个人自我介绍；第二步，提问与回答，具体包括个人亲身经历、工作实践的经验回顾；第三步，请受访者对本企业与员工双向忠诚的现状作简短评价，指出取得的经验、不足之处与今后改进的方法与举措。访谈所获得的文字记录和录音经过受访者同意后予以保存和备查，供以后研究之需。

第三项是民营企业人力资源部经理座谈会：通过一定的人脉关系，邀请大中小类型企业的人力资源部经理进行座谈。召开企业人力资源部经理座谈会有两个意图：一是人力资源部经理一般都比较熟悉企业人员的心理状态与行为方式，可以对开放调查问卷、半结构式访谈所收集的双向忠诚相关的条目做比较明晰的述评；二是对开放式调查问卷与结构访谈尚未收集的信息进行补充，拾遗补阙。座谈会样本为录音与正式的会议记录。研究者在座谈会上直接与各位企业人力资源部经理进行现场双向交流。对于座谈会补充的相关内容与条目，均须得到与会者的 2/3 以上同意才列为正式条目。座谈会讨论条目经由研究者导师初审和合并，最终修订研究相关条目 63 条、删减条目 25 条、增加补充条目 12 条。

4. 条目筛选过程

条目筛选过程就是初步问卷进行提炼的过程，由于被调查领导与员工水平参差不齐，所以有必要将问卷语言调整成通俗化的书面语言。

第一步，确立条目筛选准则。研究者对以三种方式收集的原始信息（具体是开放式调查问卷 276 份、半结构式访谈记录 32 页、人力资源专家座谈会谈纪要 14 页）进行整理与筛选。由于后两种收集信息的方式以描述性居多，有具体忠诚事件的细节描述甚至还有与会者提供的篇幅较长的案例分析，所以从中抽取抽象的条目描述较为困难。鉴于此，我们确定了以下几个准则以便从原始记录的信息中筛选与提炼出研究的初始条目。

第一，对那些含义单一且简单明了的描述，直接作为研究的有效条目。对多重含义的描述，与导师共同讨论，对这类描述实施抽丝剥茧，或拆分剔除，或修改补充。

第二，对调查问卷的一些反向或否定性描述，进行转换表述，用书面文字进行负性编码。

第三，对于与双向忠诚内涵结构联系不紧密、曲解双向忠诚本质的描述或含义空泛的闲谈内容将直接予以删除。

第四，对访谈中的一些忠诚案例的信息描述，在反复阅读、探讨理解其实质性含义的基础上，把实质精髓提炼成研究所需要的抽象问卷条目。

第二步，从开放调查问卷中确立研究条目。根据以上几条明确的原则，从原始信息中共剔除各种含义模糊且不符合要求的语句 337 条，增加与保留了反映双向忠诚的实质特征的条目 423 条。开放问卷中部分条目提炼如表 4－1 所示。

表 4－1　开放问卷中条目提炼的示例

问卷类别	提取后的条目表达	原始信息的条目表述
员工开放问卷	1. 员工忠诚是员工积极进取的工作态度 2. 员工与领导者同心同德共谋组织目标实现 3. 员工及时向领导反馈真实工作信息 4. 员工就具体工作向领导提出合理建议 5. 员工忠实贯彻执行领导者的决策 6. 员工忠诚是员工灵活应对工作情境变化的能力 7. 员工执行领导指令注重实绩 8. 员工忠诚是员工与领导者行动的能力	1. 员工忠诚是员工积极进取的工作态度。（采用） 2. 为了追求自身利益的最大化（删除），员工与领导者同心同德共谋组织目标实现。（保留） 3. 员工在工作过程中（删除），及时向领导汇报真实工作情况，并提出自己的合理化建议。（修改拆分为两条） 4. 员工忠实执行领导者的决策。（含义模糊，修改） 5. 员工积极贯彻执行领导指令。（含义同4，合并） 6. 工作情境总在不断变化中，员工要有灵活的能动性、创造性才能应对工作。（表达不准，修改） 7. 员工忠诚是员工追随领导者的工作绩效。（含义模糊，修改） 8. 在与领导的沟通中，我常提些合理建议并被领导采纳，这也许是员工忠诚吧。（疑问句，修改） 9. 员工忠诚是员工对领导者地位、权力的依从和依赖。（与员工忠诚的本质不符，应予删除）

续表

问卷类别	提取后的条目表达	原始信息的条目表述
领导开放问卷	1. 员工忠诚是员工与领导者的人际关系反应 2. 员工忠诚是员工的工作进取精神 3. 员工忠诚是员工支持领导工作的能力 4. 员工忠诚是员工独立工作的思维悟性 5. 员工忠诚是下属个体、群体对领导者的影响力 6. 员工忠诚是下属的工作执行技能	1. 员工忠诚既是下属对领导的一种情感意愿倾向，也是工作进取精神的一种表现。（修改后分为两条） 2. 员工支持领导工作的能力就是最根本的追随力。（修改采用） 3. 员工忠诚即部属支持领导工作的力度。（含义与2相似） 4. 下属能否领会领导意图，独立创造性工作最能反映其追随能力。（修改） 5. 下属个体、群体的合理意见，对领导决策具有很强的影响力。（加以精练） 6. 下属的主要职责是执行，因而下属的执行力也就是员工忠诚。（修改） 7. 工作执行力最能反映下属的员工忠诚。（含义与6相同，合并）

第三步，从访谈与座谈会中确立研究条目。由于企业领导者与员工对忠诚、忠诚度、双向忠诚的知识不了解，因而在开放式调查问卷中对双向忠诚的态度与行为特征的描述并不贴切与准确，这样就会影响样本质量。因此，我们把与企业领导者与员工的半结构式访谈作为研究资料的重要来源渠道，而不仅仅是补充资料。受访对象为10人，其个人基本信息如表4－2所示。

表4－2　受访对象的基本信息

序号	公司名称	受访者					访谈方式	访谈时间（分钟）
		性别	年龄（岁）	文化	职业	工龄（年）		
1	南昌中建服饰有限公司	男	43	硕士	总经理	17	面谈	60
2	南昌振兴米业公司	女	35	硕士	经理	17	面谈	65
3	江西洪都航空集团摩托车制造分公司	男	49	双硕士	副总经理	25	面谈	45

续表

序号	公司名称	受访者					访谈方式	访谈时间（分钟）
		性别	年龄（岁）	文化	职业	工龄（年）		
4	江西洪都帝豪电瓶车制造公司	女	38	本科	工程师	11	面谈	55
5	安庆环新集团	女	24	高职生	营销员	2	电话	30
6	南昌金德利商场	女	31	专科	柜组长	8	面谈	50
7	安庆英德利服饰	男	45	本科	科长	29	电话	35
8	安徽宣城振威饲料公司	男	39	本科	总经理	17	面谈	55
9	民营正邦饲料公司	女	23	专科	质检员	1	面谈	40
10	安徽华业香料公司	男	28	专科	调度员	9	网谈	45
11	海南卫康制药有限公司潜山分公司	女	32	专科	部门经理	9	电话	35
12	安徽全力集团	男	29	本科	批发员	6	网谈	40

由于篇幅有限，本书列举两例从员工、领导者访谈中提取问卷条目示例，受访者 A 的半结构化访谈记录编码如表 4 - 3 所示。

表 4 - 3　受访者 A 的半结构化访谈记录编码

样本公司	海南卫康制药有限公司潜山分公司
受访者职位	工会主席
访谈主题	你认为如何实现企业对员工的忠诚
访谈时间	60 分钟

编码 A 所提取的条目如下：

A1. 企业本身要有积极进取精神。

A2. 员工持股是企业对员工忠诚的具体表现。

A3. 企业对员工忠诚表现在有竞争力的工薪。

A4. 企业对员工忠诚表现在经常站在员工角度思考问题。

A5. 企业对员工忠诚表现在帮助员工实现中远期目标。

"针对现阶段社会普遍存在的对工会起到多大作用的偏见，我作为工会主席首先认为'有为才会有位'。作为一个民营企业的群众性组织，工会组织尤其是民营企业的工会组织要想在职工中有权威，自己先要有所作为"。工会主席在接受采访时说："以前我们是坐办公室等职工来反映问题，然后再下车间班组去了解解决问题，现在是我们主动出击下一线去发现问题、分析问题、排除与解决问题。"从普通工人到工会主席，工人出身的王明仁似乎比一般人更了解一般一线知识型员工的需求。

针对一些过度保护职工利益的个案，工会王主席接着说："工会工作凡事不能过，过犹不及，对于一些文化程度较低的、没有上进意识的职工过度地保护，会造成员工市场意识与风险意识不强，一旦发生风吹草动，我们中小企业就不能适应社会大环境的竞争。"他接着说道："整个员工的根本利益和个别职工的具体利益有时不会完全相同与重合，要注意维护整体职工、包括每个职工个人的根本利益。就你的问题，如果我们的员工不能从公司的发展中获得利益，那么关注弱势群体的作用对于我们工会来说就形同虚设。换位思考，出来打工真的不容易，更何况卫康的效益也是所有员工共同努力的结果，财富都是大家共同创造的，所以民营企业必须首先做到按劳分配，站在企业角度做好工会工作首先要从内心尊重员工，不管是高级管理者还是普通知识型员工。就我们公司来说，目前与老板一起创业的二级机构负责人还没有一个离职的，我也是其中之一，我作为工会主席，个人认为我们这样一个前几年就准备上市的民营企业真的是很难得的。我们海南卫康制药潜山分公司目前靠的是待遇留人、事业留人、感情留人，使每个人最大限度地发挥自己的主观能动性，一方面，不仅能够尽可能实现职工人生目标和个人的愿望，另一方面，反过来也会促进我们企业的壮大与发展。作为工会主席，我希望自己能够在员工和企业老总之间起到桥梁纽带的作用，尽可能维护员工利益，包括有超过一般企业的薪水与福利，在此基础上我们向老总提议实行最流行的做法：员工持股，老总对我们的建议大加赞赏并准备着手实施，现在许多老员工的兄弟姐妹，甚至全家都自愿在我们公司做，另外我们还通过年薪制最大限度调动员工的积极性，做到员工满意，老板满意。"

人力资源部经理 B 的半结构化访谈记录编码如表 4 - 4 所示。

表 4 - 4　人力资源部经理 B 的半结构化访谈记录编码

样本公司	民营正邦有限责任公司
受访者职位	人力资源部经理
访谈主题	你认为什么是企业与员工的双向忠诚
访谈时间	80 分钟，每人时间限 20 分钟左右

编码 B 所提取的条目如下：

B1. 双向忠诚是通过领导—员工交换关系所体现的。

B2. 盟约理论对双向忠诚起指导作用。

B3. 员工培训后才能更好地服务企业。

B4. 职业忠诚与双向忠诚是相辅相成的。

B5. 激励与约束对知识型员工都是重要的。

人力资源部经理 A："前几天接到你的电话，对双向忠诚是什么的问题，我颇为思考了一番。对员工忠诚问题，我在前几年 MBA 学习时就有所了解，但很浅不够深入，其实只是内心隐约有些体会：要想忠诚保持持久，就必须是双向忠诚，就像一句名言所说的，世上没有无缘无故的爱，也没有无缘无故的恨，企业与员工的双向关系看最终关系是走向良性循环还是恶性循环，走向良性循环就是互赢互惠，否则两者关系就是走向终点，老死不相往来。我就讲这么多，后面想起来再补充。"

人力资源部经理 B："A 经理讲得很好，我个人谈点自己的看法：一是企业先要主动对员工表示忠诚，为什么这么说呢？因为首先是你们把员工招进来的，要对员工负责任，员工进来工作不是混口饭吃，是进来帮你创业干事业，现在员工都有一定的学历文凭，有的是学习创业经验，有的是交流学习技术，有的是积累资金，虽然目的各不相同，但来的都是客，我们以礼相待，进来时是双向选择，出去时也是如此，来去自由。现在时代不同了，双向忠诚也不是万事全包，双方都有选择权，甚至员工有好的路子也可以出去发展，离职也并不意味着不忠诚，只要不泄密与恶性竞争，遵守职业道德就好。人员可以不为所有但为所用，以后企业需要时也可以再回来共同发展。"

人力资源部经理 C："前两者从不同角度谈到双向忠诚，谈得非常好，我表示赞同。我从高学历员工角度说说自己这么多年从事人力资源管理工作的看法与经历，谈不上经验，只是抛砖引玉。高学历员工书本知识丰富，自尊心强，清高，不太合群，有自己的思想与见解，不随波逐流。但是一旦认准事物的道理就会比一般员工更加忠诚，也不会轻易离职与跳槽。当然这就需要我们下更大功夫与时间来引导高学历员工来忠诚于我们企业，具体来讲，要因人而异，针对各人的不同需求来激励，不能千篇一律，激励时不能搞一刀切。总之，要针对个人特点采用不同方式进行激励。"

人力资源部经理 D："现剩下时间不多，受时间限制，我就 C 经理的话题接下来讲，恰好我也准备了一些针对个人特点实施不同方式进行激励的材料，具体如下：第一种是中高层管理人员，他们大部分是企业的领导者和管理者，这类人员的需求根据马斯洛需求理论普遍已上升到最高层次——尊重和自我实现的需要，对心理和精神方面的需求较高。需要用人生理想、抱负、不断晋升等方式来激励。第二种是专业技术人员，他们是企业技术创新的中坚力量，他们是有一技之长的人，是企业来之不易的宝贵财富，也是我们民营企业持续发展的发动机。他们爱学习，踏实苦干、吃苦耐劳；他们比较自由独立，喜欢独立钻研，特别是年轻人希望自己有自由支配的时间。由于外界激烈的竞争环境造就了他们特有的职业忠诚，他们更加注重于工作的技术难度与自身创新能力的提高，大部分都有继续深造的愿望。对于他们的需要用不断培训、不断晋升等方式来激励。专业技术人员这种需求心理与高管人员的需求基本一样：也就是人生成就的需求。第三种是企业的一线生产与服务人员（包括新进人员），他们的文化程度相对较低，一般都是技工或职业中专。他们是企业生产、经营任务的直接承担者，他们的工作质量好坏和工作效率直接影响着民营企业的财务效益。由于主要是体力劳动，工作环境噪声较大，他们通常要求不高，讲究实惠，属于激励中的保健因素但也反对虚浮，要求及时供给，主要表现为物质和经济方面的需求。但他们之中不可忽视藏有'有角之龙'。对上述三种员工采取不同方式激励才能做到'士为知己者死'。

"今天的话题是企业与员工的双向忠诚，企业对员工忠诚只是单方面的，反之亦然，所以，企业不但要激励，还要有约束。主要是以下几点：一是经济约束，也就是年薪延付制，提前离开后面工资就没有了，还有股票期权制，由于时间关系就不展开了。二是行政约束，就是加强内部培训，防止某些核心技术由一人独自掌握，打破内部垄断。三是法律约束，签订用工合同与竞业禁止协议，企业可以有权利要求有一技之长的员工在一定期限内不得从事与自己的业务类似或相关的职业，即有权限制有一技之长的员工进行针对企业的竞争行为。"

5. 最终问卷的确定

经过以上步骤与过程，最终问卷列举本书附录中，虽然提炼的条目符合对双向忠诚问题的检测，但最终实质性结果还必须经过结构方程模型的检验。

三、双向忠诚的实质内涵

国内外学界对双向忠诚是什么众说纷纭。本书在第二章已有所阐述，其中有一定影响的释义归纳为以下几种：一是高层次心理契约论，双向忠诚指超出企业与员工经济契约与对等互利关系之外的一种心理契约，虽然没有具体有形的一纸契约，也因是动态变化的而不可能加以载明，但两者却依然能找到各自的行为决策焦点。从某种意义上可以说是一种双向忠诚在规范约束着各自的行为，并且是基于各自的愉悦和需要的满足。于是我们认定双向忠诚可以诠释为高层次的心理契约。二是良性互动论，忠诚是员工和企业共同的课题，是企业与员工互动的结果。要求企业与员工双向忠诚。"双向"所表明的首先是相互的，企业对员工忠诚就要求企业对员工工作、生活和职业发展真诚负责，如保护员工的就业稳定、给予公平合理的薪资和福利、提供增长才干的机会、帮助和促进员工自我实现等。而员工对企业忠诚就体现在员工要兢兢业业地工作，无私地奉献和与企业融为一体的崇高价值追求。只有企业与员工之间的忠诚是互动的和相互支撑的，并凸显良性循环态势，企业才会不断发展壮大，员工才会满足，自我价值才会实现。企业期待员工忠诚，员工也期望企业能以诚相待，双向忠诚正是现代企业发展的一种价值取向：清楚每个员工的发展期望，并满足之。而每一位员工也深信企业能实现他们的需要，从而为企业的发展全力奉献。三是服务利润链论，Reichheld 在《服务利润链》（*The Service Profit Chain*）一书中提出了"服务利润键"的观点：企业的获利能力主要是由客户忠诚度决定的，客户忠诚度是由客户满意度决定的，客户满意度是由所获得的价值大小决定的，价值大小最终又要靠富有工作效率并对公司忠诚的员工来创造，而员工对公司的忠诚则要取决于其对公司是否满意。所以，欲提高客户满意度，需要先提高员工满意度，前者是"流"，后者是"源"。没有员工满意度这个"源"，客户满意度这个"流"也就无从谈起。这种观点得到了越来越多实证研究的证实。四是盟约理论，孙权兴（2010）认为，所谓盟约关系就是指企业组织和员工个体之间建立起来的，以双方的信任和资本互补性为基础，合约为保障和约束的一种合作关系。盟约关系下的企业是由基于共同利益和人力资本的互补性而组合在一起的人力资本及其所吸引的物质资本和货币资本的组合体。在文章最后，作者做出初步结论：在员工忠诚问题上，管理界对于这样一个命题已经趋于一致，那就是，与薪酬和福利相比，保持员工忠诚度最重要的因素是企业的领导能力、管理效率、清晰高效的沟通、良好的工作环境以及员工能否在工作中施展才能。盟约关系无疑很好地促成了企业治理过程中上述因素的良性发展，最终使企业获得员工的忠诚。

　　以上四种定义是站在不同的研究角度对双向忠诚内涵的解读。Frederick Reichheld 与良性互动论的观点应该是双向忠诚有必然结果而不是原因，高水平心理契约论虽说是达到很高境界的默契的结果，但在不同时期与不同阶段却表现为不同的形式，很难一步到位，其中需要多个阶段与多个过程的试错与磨合。在这些阶段与过程中，需要企业与员工不断修正自己的目标与行为，而且，由于员工和企业之间在谈判地位、资金实力、信息资讯、应变措施等方面的不对称性，企业忠诚先于员工忠诚是实现员工忠诚的前提，企业尤其是民营企业应该利用自己各方面的优势积极主动地将员工引导到双向忠诚的轨道上来并保持持续地前进。相比较而言，员工忠诚只是企业忠诚的衍生物。当前，忠于职业而非忠于企业的现象只是员工在企业不能促使其个人目标和自我价值及其他理性需求满足的被动反应。片面地把员工的罢工、离职或者企业其他利益受到损失统统归结为员工的不忠诚，这是不客观的。本书的双向忠诚应该是一种基于高层次心理契约基础上的盟约关系，指企业组织和员工个体之间建立起来的，以双方的信任和资本互补性为基础，合约为保障和约束的一种合作关系。事实上，我们更应该树立这样的认识：对员工忠诚的企业就有可能获得员工的忠诚，对员工忠诚是企业获得员工忠诚的充分而不是必要条件；反之，如果企业内员工不忠诚行为充斥，则该企业一定具有员工对其不忠诚的种种内外在的条件。所以，忠诚是员工和企业共同要研究的课题。

第五章
双向忠诚的影响因素的分析

一、导言

　　双向忠诚是企业与员工价值观、所处的生命周期、企业领导风格、组织氛围、组织公平等多种因素相互作用的结果。影响双向忠诚的因素往往是多层次与多方面的，非一二项研究就能完全涵盖。本书在探讨民营企业与知识型员工忠诚的行为机制与作用机理时，是基于一种全方位、开放、系统的观点，选取了员工个人因素和企业组织因素相互作用的民营企业组织环境，从两个层面来深入剖析知识型员工与企业组织双向忠诚的影响因素，旨在更科学地发现企业员工双向忠诚影响因素的作用机制，更有力地预测员工忠诚的行为绩效。研究员工忠诚影响因素的文献较多，比较典型的有：张晓光（2005）认为，影响知识型员工对组织忠诚的因素一是薪酬，二是组织文化，三是人岗匹配，四是尊重与自我实现，五是员工培训。周丽（2009）将员工忠诚影响因素分为个体因素与组织因素，个体因素又分为个体的积极情绪特质（Positive Emotion）和内控特质（Internal Locus of Control）两种，组织因素可分为集体主义文化、组织公平、组织支持感受、管理层信任、同事信任。王睿（2012）指出员工忠诚可分为主动忠诚和被动忠诚，前者是员工出于组织与员工自身目标的高度一致而自愿忠诚；后者是员工出于一些约束因素，如高工资、高福利、交通便利、寻找新工作难度大等非自愿因素导致的忠诚行为，这种忠诚只是短暂忠诚和浅度忠诚。徐艳丽（2014）从个人与企业两个方面说明员工忠诚的影响因素：个人层面指个人认知及其职业素养；企业层面指公司福利待遇及其工作环境氛围。从以上文献资料分析可以看出，员工忠诚影响因素仍然逃脱不了美国的行为科学家 Fredrick Herzberg 的激励因素和保健因素双因素理论的窠臼，不外乎个人因素、组织因素、工作本身因素与外部环境因素四个方面，其中个人因素、组织因素两者与工作本身因素各有相互交叉重叠部分。从企业对员工忠诚角度来看，相关文献研究较少，有的只是略微有所提及，对员工与企业如何双向忠诚的具体措施的专题研究几乎没有，泛泛提及的影响因素主要有张晓光提及的五个方面：一是岗位履约能力，二是组织文化的认同，三是团队精神，四是组织的发展，五是外部环境的变化。其他的研究还有主管与领导责任心和执行力、提供和谐外部工作环境、充分尊重和信任下属员工、帮助员工进行职业生涯规划、建立有效激励机制等。影响企业对员工忠诚的因素也只是企业目标与价值观、企业管理方式及理念、员工自身素质与对企业的忠诚等。综上，企业文化与对企业文化的认同是双向忠诚的共同内容，也是企业与员工双向忠诚的契合点，企业文化是企业与员工的最初心理契约，可以这么说，企业文化是双向忠诚的源头与生命力，有了企业文化的源头，双向忠诚就不会枯竭，企业文化有了生命力，双向忠诚的力量源泉就会源源不断。通过企业文化这个杠杆可以撬动双向忠诚的万钧之力，否则，双向忠诚就是无源之水、无本之木。鉴于此，本书对影响双向忠诚的因素初步重新概括为两者的目标与价值观的一致性、生命周期理论、企业领导风格、组织氛围与组织公平等。

二、双方目标与价值观的一致性对
双向忠诚的影响

为什么要研究企业与员工目标与价值观？因为只有两者存在高度的一致性，双向忠诚才有可能实现并得以维持，如果企业与员工目标与价值观存在冲突，则其他一切无从谈起。最低限度是两者的目标与价值观平行或兼容，双向忠诚才得以初步维持并巩固。双方目标与价值观的一致性的过程又是一个双向选择的过程，需要一定时间来加以培养与磨合，在这个过程中，企业目标与价值观重要性显得相对重要一些，企业需要正确引导员工价值观向企业逐步靠拢，并最终达到一致，就像华为公司所倡导的"员工全员导师制"一样，实现双方目标与价值观的一致性并最终达到命运共同体的目的。

（一）企业的目标与价值观

美国特伦斯·迪尔和艾伦·肯尼迪（1989）在《企业文化》一书中提出了"杰出而成功的公司大都有强有力的企业文化"的观点，他们认为企业文化的要素有价值观、企业环境、文化网络、英雄仪式等，其中价值观是核心要素，企业价值观是企业的核心与灵魂，是企业精神的力量，对企业生死存亡起关键与决定性作用。王小锡（2000）认为企业价值观是指企业成员对于本企业生存和发展意义的总观点和总看法。它是在企业中占主导地位的，并为绝大多数成员所共同拥有的价值观。乔东（2003）认为企业价值观是企业作为一个共同体长期形成的一种共识，是人们对企业、企业生产行为、社会声誉产品、公众形象和资信等总的看法，是企业形成的一种共同和稳定的文化积淀或心理定式。杨海光和莫光政（2005）认为企业价值观是指企业所推崇的基本信念和是非标准，也是企业在追求经营成功过程中必须遵守的基本信念和判断。徐华明（2005）认为企业价值观是贯穿企业生产销售、经营管理各个环节，内化为每一个员工的行为规范，决定着企业生存和发展前途的一系列观念、思想和理念。陈春花（2011）撰文道：企业的价值观是由企业和员工的共同需要构成的价值体系，企业的价值观与社会文化的关系为：企业价值观发源于社会文化，同时又对社会文化产生较大的影响。综上，企业价值观是企业发展的内在动力，是一种软实力，是企业在长期的生产经营管理实践中形成的思想观念、价值标准、思维方式和工作作风等方面的总和，是物质文化与精神文化、制度文化、行为文化的复合体，是企业灵魂之所在，可以这么说，企业的目标与价值观是企业的灵魂与精髓，并且贯穿企业的一切活动中，如果把企业比作一个人的话，那么企业的目标与价值观就是一个人的血液、思想与魂魄。

1. 企业价值观的维度

由于企业价值观是一个主观上的概念，所以不同的企业有不同的价值观，但是企业价值观应该有其普遍认可的基本维度。不同的人对企业的价值判断不同，目前流行的主流价值观有下面几种：有的企业认为企业的价值在于利润最大化，在现有条件下如何创造最多利润成为他们的最大价值观；有些企业则认为企业的价值在于创造客户，"顾客就是上帝"就是他们最大的价值观；还有的企业以"技术卓越"作为企业价值观。吉姆·柯林斯在他的管理学的重要著作《从优秀到卓越》一书中说过：当然技术很重要，你不可能处于落后的状态还期望成为卓越的公司。但是，技术本身永远不是公司卓越或是衰落的主要原因。有的企业将"敬天爱人"、"创业报国"、"扶弱济贫"等作为自己的价值观。在企业价值问题上只有极少数企业真正体会到"企业的价值在于使员工与企业一道共同发展与成长"，概括起来就是："先人后事，人在事前"，只有在此基础上才能更好地服务顾客、服务社会并使企业获得更好的发展。

2. 企业价值观的性质

企业价值观一般来讲都具有隐含性、传承性、独特性三个基本性质。

所谓隐含性就是企业价值观听不见、看不到、摸不着，却无处不在地体现在企业的每一个角落中，流淌在企业的每个员工的血液中，深藏于企业每个员工脑海里，并像无形的手一样引导他们进行生产经营活动。所谓传承性就是隐藏于企业内部的指导思想，虽然随外在影响有所变化，但核心内涵与骨子里的精髓始终在企业内部被继承发展，如创建于1669年的北京同仁堂、可口可乐等中外百年老字号企业就是最好的诠释。所谓独特性就是企业外在的标语、口号甚至规章制度可以被模仿与复制，但由企业自身经过时间磨砺的文化底蕴和终极目标决定的价值观是其他企业所无法效仿和复制的。不同民族与不同时代的企业都被刻上了民族风格与时代的烙印，也是其他企业所无法效仿和复制的。

3. 企业价值观的特点

企业价值观不同于企业文化中的其他因素，具有自己的特征，一般来讲都具有稳定性、实践性、系统性、时代性等特点。稳定性是指企业内在坚持而不轻易外传的秘密武器，这些秘密武器可以是企业练好内功抵御风险的不竭"核动力"，也可以是企业一贯坚守的行动底线，如华为公司所提出的"员工要不断挑战自我极限"、"企业要承担自己应尽的社会责任"等。企业内部文化的稳定性使其能够不断传承，不会发生断层与脱节。实践性是指企业价值观是在企业日常经营实践过程中不断总结积累出来而且融入每个员工日常行动中的思想观念。它不是简简单单的标语、口号，而是被每个员工所普遍认可的价值理念，并时刻指导着企业和员工的行为。企业价值观来源于实践，反过来又指导着实践，并且贯穿整个社会实践过程中。系统性是指企业价值观是按照企业自身的内在逻辑和意义联结在一起的，不是杂乱无章的而是按照一定的内在结构、层次和系统而存在的。企业的价值观可以分为基本价值观、目标价值观、核心价值观和附属价值观四个层次。其中企业的核心价值观是一个企业独特的力量源泉和动力，是指导企业行动的纲领性文件，是企业文化的基石。只有核心价值观才是企业在经营管理过程中必须坚持不懈，任何人不能随意更改与动摇的，并使全体员工信奉的终极理念，决不能因为短期行为与为了短期利益而有所轻易让步。企业价值观的时代性特点虽然不是企业价值观的根本特征，但不容否定的是每个企业都是历史时代的产物，必然带有所处时代的烙印，每个企业都有与时俱进与不断变革的历史使命，相应地企业价值观也要做到与时俱进。

4. 本土企业价值观的缺陷

本土企业价值观的缺陷主要体现以下几个方面：一是经济价值观方面：为获得既得利益不择手段。一些非公有制经济企业不断地向国家要求财政拨款与援助，不断向社会索取和积累财富，缺少合作意识与双赢思想，表现出极端的自私与利己。部分企业经营者急于求成、急功近利、盲目扩张，盲目跟风自己没有优势的项目（如房地产），过度多元化、分散经营，导致企业大而不强、外强中干、缺乏自己的核心竞争力。二是生活方式价值观方面：一些民营企业主在拥有了巨额财富后缺乏冷静和理智的态度，盲目攀比、比阔斗富、挥金如土，追逐"天价仪式"、"天价宴席"、"天价婚礼"等炫耀式消费，有的修建"小白宫"，有的搞封建迷信活动，参与赌博、吸毒等，严重影响了企业的社会形象。三是企业文化价值观方面：民营企业在逐步认识企业文化重要性的同时，面对激烈的市场竞争，只有少数优秀企业已经建立起具有自身特色的企业文化。也有相当数量的民营企业尤其是中小民营企业对企业文化重视不够。四是法制与道德价值观方面：在发生人力无法抗拒的重大自然灾害时，企业能够参与社会公益，大多数民营企业能够做到心系灾区人民，积极踊跃捐钱捐物，赢得了社会各界的普遍认可与赞誉。但是，也有相当一部分个体私营企业在生产经营中见利忘义，不讲社会公德和商业道德。不信守合同，欺诈式经营，缺乏诚信，不遵守国家法律法规，逃避追缴，欠税、漏税等现象时有发生。另外，为了企业与个人不当得利，不惜破坏公正、公平的交易原则，实施不正当竞争，违反国家法律法规谋取不正当利益。有的企业甚至违法经营，走私贩私；有的企业缺乏环保和生产安全观念，造成各种各样的重大事故，给国家和当地人民造成无法挽回和无法计量的经济损失；有的企业为了一己之利在商业竞争中利用"潜规则"拉拢、腐蚀国家公职人员，权钱交易、官商勾结，在合同竞标、项目招标行为中谋取非法所得；有的企业不遵守《劳动合同法》，最典型的现象就是任意侵害员工合法权益，拖欠农民工工资。五是企业价值观方面：普遍存在执行力不够的现象。最常见的现象就是一提到企业文化与核心价值观无非就是出几期黑板报，喊几句时髦口号，挂上几句时髦标语，口号与标语也只是如"诚信、感恩、利他、创新、报国、奉献"等空头口号，缺乏可操作性与可执行性，更没有具体落实到员工的日常行为中。民营企业领导者如何通过企业家精神与企业家个人自身魅力使核心价值观得以传播，获得广大员工的普遍认可与自觉执行至关重要。企业家个人不乏人格魅力和影响力，特别是企业的第一代创业者，为企业的发展做出了巨大的贡献，但也有企业领导者对企业价值观的执行力不足，很难在企业中创造一个良好的企业文化传播氛围，更不必说在外围得以逐步推广。导致企业家精神不能真正发挥作用的原因主要是思想重视不够与执行力度不够，其中也不乏有些民营企业的领导者自己本身就没有做好，认为企业价值观是"务虚"不是务实，思想重视不够，说的比做的多，企业价值观不如"老板价值观"来得实在，如果将"老板价值观"作为企业价值观来引导企业的员工，就很难取得长久与实际的成效，甚至适得其反，不能持久继承与发扬光大。

从双向忠诚角度来讲，企业所秉持何种价值观时时刻刻影响着员工对企业的认识与评判，也时时刻刻影响着员工对企业的忠诚程度，只有两者的价值观高度近似与一致，或者两者价值观虽有差别，但能够做到求同存异、共存共荣，才能使双向忠诚得以维系，如果两者价值观不能共容，甚至相互对立与矛盾，就会使员工重新审视所服务的企业，出现员工消极怠工，有的员工跳槽离职，最终使企业与员工分道扬镳，这就是我们通常所说的"道不同不相为谋"的道理。

综上，客观地讲，现代企业要在日益竞争的恶劣环境中不断壮大与坚持已有的价值观确实处在一个尴尬的两难境地（Dilema），本书第二章提到的"三维忠诚"与"四维忠诚"对企业、顾客、员工、股东之间的关系进行了系统论述，本章不再赘述。其实四者关系在总体价值量固定值的情况下，从实质上可以说是"零和博弈"。唯一的选择是不断增加供给总量，而不断增加供给总量并不是企业自身所能决定的，而是受社会政治经济大环境等方方面面的客观因素的影响，特别是企业处在经济危机与后金融危机的时代，能否一贯坚持企业自身的目标与价值观对企业是极大的考验。

（二）员工个人的目标与价值观

应该说员工个人的目标与价值观因人而异，不同种族、文化、宗教等环境背景下的人群目标与价值观各不相同，即使同一个人在不同时期的目标与价值观也不尽相同，而是有所变化与演进。所以对员工个人的目标与价值观研究，应该从员工特别是从新生代员工的自我价值观、政治价值观、经济价值观、道德价值观、职业价值观、婚恋价值观和休闲审美观等方面进行具体的分析与研究，深入了解各阶层员工特别是新生代员工价值观的现状，提出具体可行的针对性措施。在这些价值观中，与企业和员工关系最密切的应该是职业价值观。新生代员工职业价值观的特点简略地说有如下特点：职业价值观自己主导倾向与求职意愿的多元化；不可否认的金钱崇拜倾向；与大多数员工相似的先就业后择业的职业观；自我意识较强与追求自我价值的实现；工作中充分重视个人幸福感与优越感。以上这些观念在"80后"与"90后"的职业价值观中尤为突出，成为与老一代员工的显著差别。

员工个体的价值观千差万别，我们的主要任务就是要找到他们之间最为贴近的价值观，也就是经济学上常说的员工群体价值观，用经济学术语表达，就是个体的价值观与员工群体价值观的方差最小。对千差万别的个体价值观加以总结归纳，经过回归的过程，得到普通群体价值观。员工个体的价值观虽然千差万别，甚至个体的极端价值观可以在小范围内保留，但要遵从大多数员工的价值观而求同存异，在此基础上加以分析研究，找出具有普遍意义的引导方针与对策。

（三）员工群体价值观的指引与诱导

使员工个体价值观与企业价值观相一致的过程，就要使员工群体价值观与企业价值观具有高度的一致性。但是两者具有与生俱来的不一致性，有时甚至表现为天然的对抗性，具体为：企业的集体主义和员工的个人功利主义、拜金主义、享乐主义相冲突；企业所要求员工的牺牲奉献精神与员工的经济收入偏低和消费欲望偏高的冲突；企业所需要的高素质能力与员工自身能力不足的冲突；中国传统的中庸文化与现代西方所强调的个人英雄主义的冲突等。

马克思认为人的本质是一切社会关系的总和，而不仅仅是单个人所固有的特定抽象物，任何价值观都是以人为载体的，是员工个体行为与思想的出发点。新生代员工对新事物易于接受，具有较强的接受能力，但是同时又缺乏主观辨别是非的能力。尤其是在社会转型与思想动荡过程中，他们由于没有接受过系统与全面的价值观的教育与洗礼，对于所接触到的社会主义价值观又不能很好地加以吸收和运用，即使有所了解也只是停留在表面，没有"入心"、"入脑"、"入骨髓"，在面对中西与新旧价值观发生冲突时，他们往往会显得无所适从甚至焦虑与恐惧。他们或者坚持西方的价值观而全盘否定中国传统的中庸价值观，或者坚持原有的价值观，或者接受全新的价值观，所坚持的是"非白即黑"或"非白即黑"，但无论选择还是放弃都是一种痛苦的抉择。员工内心的这种价值冲突直接影响其价值观完善。任何事物都有一分为二的特点，价值观的一分为二体现为价值观的二元性冲突，价值观冲突对于员工个体确立个人的价值评判标准和个体人格的确立都具有重要意义。新生代员工在面对社会震荡与转型时，内心的价值观冲突会促使其个体意识不断增强，员工个体的发展空间不断扩大，在选择和调整价值观以及决定价值取向的过程中促使员工人格不断得到升华与提高。可以这么说，价值观冲突也是员工价值观确立的一个必不可少的因素。员工的思想冲突正是价值观完善、发展的内在动因。在解决价值观冲突的过程中，员工现有的价值观经过比较、分析、吸纳、排斥、调整、改造一系列程序，有可能步入更高级的发展阶段。没有价值观冲突，就不会产生改变价值观的内在动力，价值观就难以得到改善。正因为价值冲突的存在，价值选择上就会陷入冲突和迷茫，因此会引发员工探索价值问题和重新定位自己的价值观并向群体价值观靠拢，群体价值观是可以预先谋划与设计的，这就使员工个人价值观与企业价值观有趋向一致的可能，员工个人价值观有了明确的方向后，就会对自己的一言一行进行反省和规范，如果有了"越轨"行为，便会自觉与不自觉地予以纠正，以此保证员工个体活动朝着预设的价值目标前进。当多个员工都具有这样的意识与行为后，群体价值观就能基本形成；反过来，群体价值观对个人价值观有一定的指引与诱导的作用，当两者方向一致时，起正向的加强作用。

党的十八大提出的践行社会主义核心价值观，就是一种群体价值观，它可以激发员工个人的内在精神，推动企业朝着既定的目标前进。加强员工自身价值观教育，一方面可以增强员工辨别是非的能力，加强正能量，提高其价值判断和选择的能力；另一方面也可以激发他们自身的潜能，促使社会主义的核心价值观得以弘扬光大。同样，在此基础上，双向忠诚就有可能得以实现。

三、生命周期理论对双向忠诚的影响

一般企业都基本经历创业期、成长期、成熟期、衰退期几个阶段，具体到每个企业有所不同，但企业在每个不同的发展阶段对员工有着不同的需求偏好这一点基本上是相同的。反过来，员工个人的职业发展也存在成长周期，尽管各有不同，但一般都经过实习期、试职期、基层期、中高层期。在员工不同的职业发展周期中，对企业的需求偏好亦有所差异。有的甚至大相径庭，企业与员工双向忠诚是一个双向选择的过程，合作成功与否也是一个双向选择的过程，同时也是一个周期和价值匹配的过程。经过双方磨合后，如果双方仍然无法"适配"，结果往往是分道扬镳，就谈不上什么双向忠诚了。

（一）员工职业生命周期对双向忠诚的影响

员工职业生命周期经过实习期、试职期、基层期、中高层期、衰退期。各阶段的心理特点有所不同，各个不同阶段对企业的忠诚度大不相同。第一阶段是实习期、试职期阶段，一般是指从学校毕业后初次进入社会第一次工作的时期，年龄在 18～25 岁，这一阶段，员工对企业忠诚表现为"一高两低"即高离职率、低忠诚度和低工作满意度。员工心里有"两个疑问"和"一个定位"：我所在的这个公司有发展前景吗？这份工作是否适合我？这是员工对个人职业生涯发展的定位。但实习期、试职期的员工也有他们的优点，就是他们热情开放、年轻有朝气、充满理想且向往自由，有着积极进取的精神；同时也有一些消极的否定情绪，抗压能力极其脆弱、好高骛远、急功近利。除有名的大公司外，员工对企业忠诚度较低或者说没有对企业的忠诚度，对大多数新进员工来说，只要其他公司提供更好的福利待遇和发展机会，就会立即考虑跳槽。第二阶段是基层期阶段，经过试用期后正式在第一线参加生产或从事脑力劳动。员工个体意识形成并逐步加强，员工心理倾向于对有助于个人目标实现的外部暗示或刺激信号给予积极的评价，反之对阻碍自己个人目标实现的外部暗示信号或刺激则给予消极回应。此阶段是具有较为完整的现代人格时期，年龄在 25～35 岁，员工最关心的是职业忠诚而不是企业忠诚，在日常工作中心理上表现为肯定自己在公司中的地位、作用和价值，随着自己工作水平的提高与熟悉，对企业给予的报酬是拿得其所、心安理得。这个时期基本特质是员工的个体化显现，开始注重个人目标与个人价值的实现，心理意识方面表现为淡化权威和权力、维护自我权利，厌恶规则约束。但由于工作年限不长，经验不足，技术、能力与才能与老职工差距明显，急切要求更新自己知识，加强自我培训成为员工对企业忠诚的关键因素。第三阶段是中高层期阶段，年龄在 35～55 岁，是人生进入成熟的黄金年龄，也是猎头公司集中猎取高级人才的最易发年龄段，在这个阶段，员工心里最关心的是被肯定与被尊重，否则双向忠诚就难以为继。在日常工作中员工能力的充分发挥有赖于企业对员工的"两个授权"：第一个授权是对于公司涉及与这位员工相关既定方针与目标、战略与策略在实施过程中的部分，给他提出自己工作想法和思路以较大空间，充分授权他所管辖的局部工作范畴进行具体的改进与创新；第二个授权是全局性，鼓励他对公司整体的发展战略、企业文化、管理流程、组织结构及与所管辖范围前后期事项等方面的问题提出自己独立的思想，并予以授权。他可以在一定的时空范围内按照自己的思路和想法独立进行实验与尝试，并在实践中加以推广与应用。在这一阶段，企业着重挖掘的是员工在管理事务、分析问题和解决问题的综合素质方面所具有的潜力，如果表现尚佳，要想留住他为公司继续效力，或者说让他发挥更大价值防止被其他公司高薪挖走，公司方面就应该早点给他换上更大责任与更大权力的岗位让他发挥更大能量并开始新的价值生命周期阶段。第四阶段是衰退期阶段，年龄在 55 岁以后到退休前，由于年龄增长及身体素质下降，员工心理主要是求安求稳，虽然也要求被肯定与被尊重，但更多的是享受前期努力工作所带来的成果，主要工作应该是顾问与咨询类的非骨干性质。当然，随着退休年龄的推迟，这一年龄阶段被普遍延长5～10 年。

　　总之，在所有的职业生命周期中，员工对企业与管理者都有着很高的要求，具体表现为：让我做我所感兴趣的工作也就是做"对"的工作；给我一个好上司与老板；时刻关注我的独特优势并加以发挥；帮助我建立强大的人际关系网以引进更为优秀的员工；每天和我保持联络与沟通以便及时提出建议；定期测评我的进步并把我引向积极的未来，以实现我个人的目标与价值。可见，一名员工如果觉得企业无法满足其所有需求，他的忠诚度可能立即下降并可能随时清零。

（二）企业生命周期对双向忠诚的影响

　　企业一般都经历初创期、成长期、成熟期、衰退期几个阶段。在初创期，企业需要具有勇于付出、吃苦耐劳、爱岗敬业的拓展型"苦才"，而员工除核心团队（除原始入股者）都希望企业是实力雄厚的大财团以利于自己的成长，双向忠诚的建立需要一个漫长而艰苦的过程。在成长期，企业需要具有成型资源、成熟经验、成功经验的价值型"专才"，而员工此阶段则需要加强自我学习与自我提高，迅速在同龄人中出类拔萃、脱颖而出甚至鹤立鸡群。双向忠诚的建立在于企业能否提供与给予员工学习培训以迅速成才的机遇。在成熟期，企业需要具有创新资源、创新素质、创新能力的创新型"鬼才"，而员工此阶段则需要证明自我价值的高薪金与高福利，双向忠诚的建立在于企业能否提供高薪金与高福利，否则，此阶段的高技术员工易被猎头公司相中而另谋高就。在衰退期，企业需要具有扭转颓势、战胜危机、挽救市场的经验型"能才"，而员工此阶段大部分则怀二心，随时准备另谋高就，离职的理由无非就是"良禽择木而栖，贤臣择主而侍"。此阶段双向忠诚的巩固与提高尤为困难，既考验前几个阶段企业文化对员工的吸引力，又考验企业领导人是否有壮士断臂与二次创业的决心。此阶段也是对双向忠诚的最终考验与总结阶段。企业四个阶段双向忠诚的影响具体表述如下：

1. 企业初创期对双向忠诚的影响

初创期的员工忠诚多与初创期企业自身的特点相联系。企业初创期的特点：一是企业资金不足，企业发展不稳定。由于各个方面都处于起步阶段，受资金限制，相应服务与产品数量较低而且销量极为有限，市场占有率不足，市场拓展空间不大，服务与产品同行业相比竞争力较弱，初创期企业发展缺乏整体规划。由于缺乏固定客户，企业的日常经营只是对外界各种短暂机会做出反应，而不是系统的有计划有组织、定位明确地去开发利用资源来拓展自己的市场空间。这时企业被市场外部环境所左右，被短时间的机会所驱使。由于一切未走上正轨，这一阶段企业行为基本上是被动而不是积极主动且具有预见性的。二是企业中的日常工作是由事定人而不是围绕工作本身进行。工作任务的布置是看员工是否有时间而不是看他们的实际工作能力。体现在企业中员工个人的具体工作内容与工作责任没有明显的界线，存在权责不清等现象。有些员工所承担的任务和责任是交叉重叠的。三是内部管理制度不健全。员工之间地位平等，没有严格森严的等级体系与阶层关系，企业中的管理制度不健全使员工的最基本的安全需求得不到保障，内部控制制度得不到全面的贯彻与执行。四是双向忠诚体系亟须建立。由于资金制约员工（除原始入股者外）低层次的需求得不到较好的满足，最初的少数创业者心中的宏伟蓝图没有给员工及时描绘，双向忠诚体系残缺导致员工离职率较高。

企业初创期对双向忠诚体系的建立可以从以下方面入手：一是多方面筹资融资以保障员工的基本生活方面的需求，除传统的通过企业家庭成员及创始人或其亲友提供创业资金的融资方式外，同时利用风险基金、创业基金、互联网金融等现代融资方式扩展融资渠道。二是加快产出与产品销售过程，利用电子商务、物流配送等新渠道减少库存与加快产品周转周期。三是展示企业愿景。愿景是一个企业开创者描绘的企业未来所能够达到的美好蓝图与目标，具有极强的感召力与影响力，能够凝聚人心、鼓舞斗志、催人奋进。初创期企业往往只是抓住了外部某一个偶然的时机，利用企业自己特有的局部优势占领小部分市场，但这种短期的占有能否持续无法预测，企业缺乏做强做大的雄心壮志与具体措施和方案，再加上企业创始者往往缺乏老道的领导能力，这些因素导致员工看不到企业未来的美好前景，觉得新创企业没有发展前景，前途堪忧，不利于双向忠诚体系的构建。四是以"情"留人，在所有资源匮乏的情况下，企业唯一的资源也就是创业者取之不尽、取之不竭的谦虚之情、惜才之情、留才之情、创业激情。相对于其他，初创期企业每项工作都属于起步阶段，无论是在企业的文化建设、制度建设还是企业实力、员工的薪酬福利等方面都没有成熟企业所具有的竞争实力。此时，员工情感投入便成了一个重要的"投资"方向，用情感留人对处于初创期的企业来说是重要的途径。情感管理也是企业文化管理的主要内容之一，唯有如此，双向忠诚才有初步实现的可能。

2. 企业成长期对双向忠诚的影响

企业成长期的员工忠诚多与企业成长期自身的特点相联系。企业成长期的特点：一是企业产品或服务逐步为社会众多消费者所肯定与接受，社会地位得到了提升。由于企业主营业务不断扩展并逐步走向成熟，在企业的生存问题已基本解决的前提下，企业成长期的核心就是企业不断用新产品与新服务来拓展新市场以使企业不断壮大与发展。二是员工各方面差别显现，企业快速成长使员工队伍出现分化的迹象。一方面，企业内部一线生产员工与技术和管理销售等人员队伍开始各自自成体系；另一方面，由于业务的扩展，企业需要从外部引进大量的科研、管理与销售人才，使得员工队伍出现新老有别。三是各种内外管理制度建设初见雏形，员工之间等级开始显现，不公平感有所增强。员工不公平感具体表现在围绕企业销售目标和绩效考核等的激励机制使营销人员的待遇和绩效评估都得到企业的高度肯定与重视，而其他职能部门的科研技术人员却遭到了冷落；同时外部引进的高级专业科研技术与管理人才同企业原有人员福利薪酬方面的差别形成鲜明对比，引起原有员工的心理失落。四是双向忠诚体系亟须加以巩固与完善。

企业成长期对双向忠诚体系的建立可以从以下方面入手：一是构建着眼长远的企业文化，及时解决企业短期文化冲突。如果说创业期构建企业文化只是一种蓝图或设想，那么企业成长期就是将构建企业文化付诸实施的最好时机。长远的企业文化就是培养忠诚的员工，这种忠诚不是短暂的，而是会成为愿意牺牲个人利益，捍卫组织价值与规则的绝对忠诚的员工。及时解决企业短期文化冲突具体就是重点处理好新老员工矛盾问题，新老两代员工（创业元老与新生代）无论从思想上与经历上都有所差别，甚至存在着巨大的思想代沟，思想冲突有时不可避免，这里可借鉴华为公司的全员导师制以及联想公司的新老员工思想方面"求同存异"的解决方法，让新老员工取长补短，发挥各自的优势。对创业初期的老员工要给予充分的尊重和地位，为他们的长期忠诚授予一定的职权；对于新生一代，培养他们的谦虚诚恳的优良品质，按其对公司的忠诚程度给予适当的管理和锻炼的机会。让双方都切实体会到自己在企业待遇的公平，从而确保新老员工在企业中上下同欲、和谐共处、目标一致。二是构建"三位一体"的人力资源管理模式，它是指由二级机构负责人与人力资源管理部及最高决策层之间科学分工并相互协作共同负责的人力资源管理模式。成长期的企业人力资源管理模式应该逐步加以规范化，"三位一体"的人力资源管理模式能够更好地解决制度方面落后于企业发展的不同步等方面的问题。三是转变企业集权制的管理模式。当企业规模发展壮大、组织结构中间层级增多，企业中高度集权的结构使中层管理人员感到受到最高层的集权制的制约与限制。在企业成长期具有一定忠诚度的二级机构管理人员比上层领导更了解有关市场和第一线生产实际情况，适当授权、分权与放权可以解决中层管理者工作主动性下降、自我价值得不到实现的问题，也可以使中层管理人员的工作积极性得以提高，使双向忠诚度得以提高。

　　3. 企业成熟期对双向忠诚的影响

　　企业成熟期的员工忠诚多与成熟期企业自身的特点相联系。企业成熟期的特点：一是企业生产、服务、管理与技术四个方面创新都较低，由于需求的有限性，市场占有率的增长边际为零，也就是说市场占有率达到或接近饱和。二是企业内部机构有官僚化倾向。企业发展到了成熟阶段，随着企业决策程序完善，各种规章制度更加健全，机构的健全和制度的成熟使企业各项工作驶入快车道，正是这种硬软件上的完善使得企业领导与员工思想上出现松懈，各阶层不同程度地出现思想僵化、墨守成规、安于现状的现象，又由于管理层次增多，企业组织机构变得庞大臃肿，使各个部门之间缺乏横向沟通、信息传递迟缓；由于程序上的复杂性造成人浮于事，办事效率低下，出现从公文落实公文、从文件落实文件的"务虚"现象。三是应付与适应外界的能力削弱，对产业和市场的快速变化反应迟钝，应急措施缓慢。沉溺于企业过去的成功，不愿意甚至拒绝外界瞬息万变的挑战和机遇，固守传统思路和传统的产品，不肯实现产品和服务的换代升级，更谈不上2.0与3.0版的后续升级，企业出现了无法突破的瓶颈，各方面包括领导层与员工思想都进入了怎么努力也难以取得新成就的高原期。四是双向忠诚方面表现为员工对工作缺乏兴趣、缺乏成就感、缺乏挑战，员工薪酬增长和职位晋升空间出现"鸡肋"现象，双向忠诚体系建设更缺乏自身的特色并有落伍的危机。

企业成熟期对双向忠诚体系的建立可以从以下方面入手：一是充分重视员工自我价值的实现。此阶段对企业做出重大贡献的员工需要证明自我价值的高薪金与高福利，从企业来讲，更需要具有创新资源、创新素质、创新能力的"鬼才"才能让企业百尺竿头更进一步。双向忠诚的建立在于企业能否满足员工高层次需求——自我价值的实现，否则，此阶段的高级员工易被猎头公司相中而另谋高就。二是建立学习创新型组织，成熟期企业组织机构的各项规章制度已经完善与健全，但相应的企业本身灵活性不够，创新活动少，针对企业存在的这些问题，可在企业中构建学习创新型组织，通过开放式的学习交流，在企业发展顺利的时机及时发现企业中存在的潜在危机问题，做到居安思危，提前防范，使员工的能力在学习中得以提高，以增强企业的凝聚力。三是开展针对性培训，员工除企业内部日常工作实践学习外，还要有"请进来，走出去"的针对性培训。企业在成熟期管理、技术等方面有停滞不前的现象，有的甚至出现"尾大不掉、船大难掉头"等官僚化现象，此时企业对组织人事等方面进行"大换血"，轮流培训不失为更新员工思想的好措施。另外，在成熟期的企业员工构成丰富，人力资源部门可以根据个人的特点、工作性质的差异和岗位需求，结合员工个人的申请，加强对各层次员工的针对性培训，做到有的放矢。通过培训，员工的自我价值得到了进一步提升，员工的职业生涯发展具有更广阔的前景。在培训中，让员工产生一种"专业培训也是一种企业福利"的观念，这样员工就会对企业产生深厚的情感。反过来员工也就会更加竭尽全力为企业效劳，企业的离职现象减少，双向忠诚随之就有可能产生。四是激励方法多元化。企业成熟期利用企业资金雄厚的优势，对做出重大贡献的有专长的专家及技术骨干（核心员工）给予股份激励的方式（股权或股票期权）并保证提供充分的国际技术交流与访问机会，对杰出的青年员工可以提供住房等其他福利待遇，对有发展前途的高级技工人员可以给予脱产进修等学习机会，对有贡献的中层管理人员可以给予职位升迁和授予更大权力等方式。

4. 企业衰退期双向忠诚的影响

企业衰退期的员工忠诚多与衰退期企业自身的特点相联系。企业衰退期的特点表现在：①主营业务方面，衰退期的企业各方面都陷入危机，企业市场占有率与产品竞争力下降，销售收入与利润均可能呈负增长，企业盈利能力全面下降。企业财务状况出现恶化，使企业资金周转出现困难甚至资金链断裂。②组织机构方面，企业由于规模过大、非生产间接人员增多导致管理机构庞大臃肿、官僚主义泛滥，使企业的决策过程变得复杂，从而减缓了企业对外部环境变化做出反应的速度。部门与部门之间相互墨守成规、推卸责任，企业高层管理者对此却缺乏整合，不能进行有效的控制和协调，找不到变革的突破口。③员工心理方面，一方面由于员工对企业未来的发展失去信心，对自己职业生涯发展期望值降低导致离职现象比较普遍，不得不寻求更好的发展方向；另一方面，企业自身对员工的关怀和激励减少，企业缺乏激励上进的组织气氛与文化氛围。所以说在衰退期企业需要具有扭转颓势、战胜危机、挽救市场的经验型"能才"。

企业衰退期对双向忠诚体系的建立可以从以下方面入手：一是稳定各阶层员工的情绪，无论是企业高层管理者还是基层一线员工都需要对企业发展的生命周期有正确的认知：出于内外在原因，企业进入衰退期有时是不可避免的，非人为因素所能控制，是企业生命周期发展的必然趋势，有其社会历史发展必然性的一面。作为企业的领导与管理者，在这个时期要动员全体员工献计献策、群策群力，找出摆脱困境的方式与方法，更多的是向员工阐述和展示企业走出困境的信心和方案以加强员工与企业休戚与共的决心，员工流失有时无法避免，但更多要看企业的管理者如何分析企业现在的状况、如何发挥自己的才智去重新树立大家对企业的信心，如何对现有企业进行有效变革从而最大限度地减少企业人员流失来进行二次创业。二是引进外界变革力量。进入衰退期的企业，不一定都会走向灭亡。仅仅从内部挖掘变革力量是不够的，此时企业的领导者在内部资源有限的情况下需要积极引入战略投资，对企业进行重组改造，寻求与外界企业优势互补以实现新的蜕变，进入新的良性发展轨道。谋求外部力量的合作与支持，在很大程度上是需要企业在资源有限的情况下再搏一次。同时，也对企业内部员工心理上产生很大的激励作用。员工看到企业凤凰涅槃，浴火重生，从而加强对企业的忠诚。三是缩小企业规模，加大激励力度留住核心人才。企业进入衰退期，并非所有能够沉淀下来的员工都是"金子"，但是真正有创业实力的核心员工往往"留都留不住"。忠诚是有条件的。企业进入衰退期不是一朝一夕，同样企业要想摆脱衰退期，更不是一蹴而就，需要企业领导的决心，更需要时间的积累。这时可通过缩小企业规模来获取资金，调整企业薪酬政策，对核心员工实行有弹性的薪酬模式，或通过股权激励来留住最优秀的人才。

（三）生命周期的员工与组织匹配

朱青松（2012）指出，个人与组织匹配的研究主要探讨个人和组织之间如何实现匹配以及实现这种匹配的结果。个人与组织匹配主要通过三个方面实现：一是一致性匹配；二是补偿性匹配；三是整合性匹配。一致性匹配指个人的人格、价值观、目标、态度等基本特征与组织的文化、气氛、价值观、目标、规范等基本特征相似，从而实现一致匹配。补偿性匹配指个人与组织之间彼此提供补偿，组织为员工提供所需要的薪金、物质、心理资源、发展机会等与员工为组织提供的努力、承诺、知识、经验、技能等互为补偿，从而实现补偿性匹配。整合性匹配是指个人与组织通过一致性匹配和补偿性匹配实现整合性匹配。

在企业与员工之间不同生命周期阶段都需要价值观匹配、需求匹配、能力匹配。在初创期阶段的企业由于受资金、人力、管理制度、市场占有率等因素影响，市场形象还没有树立起来，管理制度不健全，员工少，特别是人才比较缺乏。企业的社会地位没有得到各方面的确认与肯定，这时必须从关注员工的需求入手，做好员工与组织的需求匹配。人力资源管理部门的主要工作就是把组织的需求与员工的需求二者具体是什么、怎样得以最好的满足、需求得以满足的程度等做出初步的匹配方案。企业在此阶段应该对员工期望获取的薪酬、职位、心理资源、未来发展机遇等需求制定出正确且满足员工需求的分期规划步骤并分阶段逐步加以实施，那么员工会对企业发展充满信心，双向忠诚才有可能初步建立，这样形成凝聚员工的核心力量就可能帮助企业渡过创业期的种种难关。

企业成长期两者匹配在人力资源管理方面体现为核心骨干员工的各方面综合素质能力如何跟上企业快速成长以满足企业的需要。初创成功企业进入成长期，两者能力匹配对企业成长尤为关键。企业应该采取加强员工培训、招聘引进外部一流人才等措施，使企业迅速站在所属行业的前沿；员工方面通过自身不断努力，借助企业现有平台，在知识、技能、经验等方面快速得以提高以适应组织当前发展的要求。

企业成熟期在人力资源管理方面要解决的核心问题是两者价值观方面的匹配。此阶段各层次员工在职业生涯合理规划如何实现规范发展、与企业不断发展如何保持同步发展进行匹配。成熟期阶段，企业已具有基本的发展战略，内部各项制度比较健全，管理模式比较成熟与规范，初步形成了企业具有自己独特风格的经营管理的价值观与理念，这一时期，人力资源管理如何让员工的价值观与企业的价值观匹配成为首要问题。朱青松、陈政维（2009）研究认为，企业与员工两者价值观实现度高的"双高型"企业的员工满意度较高，员工绩效较高，组织效益和组织成长较好。所以进入成熟期的企业应该通过企业文化建设来兼顾员工价值观，实现企业价值观与员工价值观相互兼容的融合性关系，实现"你中有我、我中有你"的交集型关系而不是吞并型关系，通过员工与组织价值观实现度双高型匹配促进企业的进一步发展。

四、企业领导风格对双向忠诚的影响

根据前文相关论述我们知道，企业领导风格分为变革型领导风格和交易型领导风格，两种领导风格各有特色，下面就变革型领导风格和交易型领导风格对双向忠诚的影响分述如下。

（一）变革型领导风格对双向忠诚的影响

国内外文献对领导风格的研究较多，也相对比较成熟。最早提出变革型领导与交易型领导风格概念的是 Burns（1978），他把变革型领导定义为：激发下属与员工的高层次需求，通过让下属员工意识到所承担职责与任务的重大意义，在管理范围内建立团结互信的氛围，促使下属与员工为了组织整体利益牺牲自己的局部利益，并达到大大超过原来预期结果的领导方式。可以说变革型领导是企业中颇受部属欢迎的领导风格。Avolio 和 Bass（1996）通过实证研究，把变革型领导的内涵划分为四个方面：领导魅力、智能激发、感召力、个性化关怀。可见，变革型领导是从情感出发，培养出下属员工的"士为知己者死"的工作激情。在日常工作中，变革型领导以高尚的道德情操严于律己、宽以待人，要求下属做到的自己首先做到，表现出"己所不欲，勿施于人；己之所欲，先施于人"的道德风范。在进取心方面，领导者以富有魅力的人格特征在人生观、价值观、使命感、亲和力等方面激励和鼓舞员工。用企业愿景和雄心勃勃的目标为下属员工指明前进的道路与方向。加强与员工的沟通联络，让下属员工相信所有的愿景和目标都是可以逐步实现的。同时，提升下属员工的创新和逻辑思维能力，通过激发部属的创造性思维来迎接外界不断变化的各种挑战，同时发挥集体力量，集思广益，为各种难题找到针对性方案。员工个性化关怀指领导者注重员工的个性需求，帮助员工制订职业发展规划，以利于其自我价值的实现，解决他们在家庭生活中（包括配偶、子女等）各种各样的实际困难，使下属员工能够全身心地投入工作。

变革型领导在中国高权力距离和高关系导向的组织环境中是一种较为难得的领导风格，也是一种颇受下属员工欢迎的领导风格。与魅力型领导不同（魅力型领导旨在组织内建立一种个人英雄的魅力），变革型领导风格突出表现为自律、平等、进取，更加重视团队与集体的力量，取得整体性效益。严格自律性展示出一种高标准的道德情操和伦理观念，使下属产生尊重、敬佩、信任、认同的情感并仿效领导，领导与下属员工打成一片，进而会赢得员工的竭尽全力的整体性良好的工作绩效。魅力型领导不会激励下属员工这种整体性的绩效提升。总之，变革型领导侧重横向平等沟通、全员参与、员工之间互惠互利，这是一种凝聚企业员工双向忠诚与增强员工向心力的独特魅力。

从上面分析可以看到，变革型领导风格内涵的四个维度都对企业与员工的双向忠诚有正向影响，为此，本书提出以下研究假设：

H5 - 1a：变革型领导风格的严格自律的德行对双向忠诚具有正向影响。

H5 - 1b：变革型领导的平等待人风格对双向忠诚具有正向影响。

H5 - 1c：变革型领导的个性化关怀对双向忠诚具有正向影响。

H5 - 1d：变革型领导的愿景激励对双向忠诚具有正向影响。

（二）交易型领导风格对双向忠诚的影响

如果说变革型领导风格着重情感与关怀，那么交易型领导风格则着重任务与绩效。Bass（1985）对交易型领导所做的定义是：交易型领导是领导者对员工的工作角色进行确定和定位，以使员工明确职责并促使其努力务实地工作。从 Bass 的定义来看，交易型领导模式和变革型领导模式应该是一个事物的两个方面，一个注重物质层面，一个注重精神层面，两者是互补结构而非矛盾对立结构，他认为一个领导者可能既是变革型又是交易型，如果领导者与下属员工之间的关系只有变革型领导力而没有交易型领导力，那么变革型领导力可能变得无效，成为空中楼阁。Bass 的交易型领导理论基于领导—员工交换理论，他将交易型领导的内涵明晰地分为权变报酬和例外管理两个维度。权变报酬指管理者以任务、绩效等标的为中心，明确要求下属员工，并根据员工对预先约定的任务完成情况来给予奖惩的领导方式。例外管理可分为积极例外和消极例外两种管理方式。积极例外管理是预防性防范，指领导者在问题发生前积极监控过程与绩效的进展以避免错误发生的管理行为；消极例外管理是事后弥补，指在下属员工违反了有关规则或实质性错误发生后，领导者才及时进行干涉的管理行为。

应该说人类在现实社会中，物质与精神高度统一，既有自然属性又有社会属性，也是自然属性与社会属性的高度统一，过分强调人的自然属性或者社会属性都是有失偏颇的。人既有受尊敬、受爱戴、具有目标理想和自我价值实现的高层次精神需求，又有安全和基本物质生活的低层次需求，只有在基本物质生活这种低层次需求满足后，高层次精神需求才有可能得以实现，所以说生存是人的第一要务。

交易型领导是基于一种量化的指标来进行管理的模式，但这种量化指标必须是社会公认的量化指标。用这种量化指标明确向下属员工承诺完成什么目标就能得到什么奖赏，并以此来指导员工如何去获得奖赏。这种量化指标对所有社会成员都具有相同的效力，并不夹杂任何个人的情感。员工在完成目标后，交易型领导再一视同仁地如期兑现奖赏。大多数企业中实行标准化管理、目标管理、计件工资、绩效工资、绩效考核等量化管理正是这种领导方式的具体体现。这种领导风格关注的是员工相对较低层次的物质与精神需要，以换取员工的贡献，是一种生硬的不带或较少带有人类情感的阶段性交易过程。在市场经济条件下，面对外部日益残酷的利益竞争，权变报酬是大多数员工维持生计的基本来源，因此，对员工的工作态度、行为和绩效具有积极影响。也是员工对企业实现忠诚的第一步，否则更高层次的忠诚就无从谈起。交易型领导的另一个内涵是例外管理，积极例外管理并不只是为了纯粹监控员工，而在于事前严密监控绩效的创造过程，在于事前帮助员工避免出错，有利于其实现预期目标而提高产出。而消极例外管理却待违反要求的行为或后果发生后才进行干预和处理，在员工没有完成目标或被处罚后，这种事后管理方式往往于事无补，反而会挫伤员工的工作积极性。为此，本书提出以下研究假设：

H5 - 2a：交易型领导的权变报酬对双向忠诚具有正向影响。

H5 - 2b：交易型领导的积极例外管理对双向忠诚具有正向影响。

H5 - 2c：交易型领导的消极例外管理对双向忠诚具有反向影响。

五、组织氛围对双向忠诚的影响

Lewin 于 1935 年最早提出组织氛围的概念，他认为想要了解人的行为，就要考虑行为发生的情境。组织氛围的概念来源于群体动力学中关于"认知地图"的研究。美国著名服务管理学者 Schneider（1990）认为，组织氛围指员工对组织奖励与支持的工作行为和工作程序的共同看法。关于组织氛围的内涵，国内学者陈维政（2005）认为组织氛围是指组织内部环境相对稳定的一种特性，也是一组可测的工作环境特征属性的集合体，能被组织成员直接或间接感知，依靠个体的主观感受来测量；同时组织氛围能借个体感受来影响其行为和绩效，是组织与个体行为之间的桥梁。陈维政对 29 篇文献内容分析得出了三种组织氛围的类型，分别是组织科层性、人际与沟通、领导与支持。韦慧民和龙立荣（2009）将组织氛围维度划分为支持性组织氛围（Supportive Organizational Climate）和控制性组织氛围（Controlling Organizational Climate）两种。支持性组织氛围指企业组织鼓励各层级的信息（包括员工个人的隐性知识）自由而公开地交流与传授，对新想法、新思维、新观点采取肯定与支持的态度，委派员工从事具有挑战意义的工作，领导者关注下属员工的需求，企业为员工提供各种必要的资源作为后备力量。相对地，员工对自己范围内的工作拥有一定控制权和自主权，团队内部成员之间团结互助，上下级之间与同级之间充满了信任与合作，整个组织内部充满了正能量，这样的组织就可以被视为是支持性组织氛围；反之就是控制性组织氛围。相关研究表明：当组织内部加强监督与控制，员工之间相互设防，部门之间保留资源，限制员工工作方式和内部的信息流动，依赖固定而僵化的程序，员工的主动性和创造性就会被压抑。员工会根据组织制定的各种政策、管理制度和程序，以及自己在组织中的日常经历（组织要求与期望、奖励、员工的哪些行为受肯定与支持）形成他们感知的心理氛围。

团队的层次概念，尽管每位员工都会有自己的个人工作经历，对组织氛围做出评价各不相同，但同一个组织内部的员工会对组织的相同管理方式、处事风格、工作环境产生相似的看法。近年来，许多欧美学者研究某类组织氛围对提升员工忠诚度的作用，如安全氛围、创新氛围、康乐氛围、授权氛围、公平性氛围、情感氛围、服务氛围、领导氛围的作用。Kutnzi 和 Schminke（2009）指出，学术界很少采用多层次理论，同时探讨多类组织氛围的作用。探讨多层次理论对组织氛围的作用在 Kirkman 和 Rosen（1999）论述的团队的心理授权概念中出现过。他们认为，团队心理授权包括团队潜能、团队的自主决策权、团队的工作意义、影响力四个组成成分。美国企业管理学者陈杰澜（Gilad Chen）等也采用多层次理论研究团队的心理授权氛围的作用。他们发现，团队的心理授权氛围会提高团队的工作绩效，员工的心理授权会提高员工个人的工作绩效。至今为止，企业管理学界极少探讨多层次组织氛围对员工的心理忠诚与员工的工作结果之间关系的调节作用。为此，本书提出以下研究假设：

H5 - 3a：支持性组织氛围对双向忠诚具有正向影响。

H5 - 3b：控制性组织氛围对双向忠诚具有负向影响。

员工个体在人口学、组织学变量上的差异也是影响的重要因素，本文只选取其中部分变量，分析这些变量对双向忠诚的差异化影响，为此，提出以下研究假设：

H5 - 4a：不同性别对双向忠诚度具有显著差异。

H5 - 4b：不同年龄对双向忠诚度具有显著差异。

H5 - 4c：不同文化对双向忠诚度具有显著差异。

H5 - 4d：不同工龄对双向忠诚度具有显著差异。

H5 - 4e：有无职务对双向忠诚度具有显著差异。

H5 - 4f：不同岗位性质对双向忠诚度具有显著差异。

六、组织公平对双向忠诚的影响

孔凡晶（2010）通过实证研究表明，组织公平对组织承诺起到显著正向影响作用，且影响程度从高到低分别为程序公平、人际公平、信息公平和分配公平。除传统的外勤营销人员更加显著重视分配公平外，对于民营科技型企业而言，一般知识型员工更加看重程序和方式，虽然分配结果也对双向忠诚产生影响，但程序和方式的公平性更加重要。

（一）程序公平对双向忠诚的影响

程序公平对双向忠诚的影响主要表现在三个方面：一是程序公平可以满足知识型员工对自己个人发展空间和职业生涯规划重视的需要。程序公平是指企业决策过程中的公平，包括让员工参与公司宏观决策，鼓励与容忍员工及时发表不同意见以及为企业的发展规划提出建设性建议等。当知识型员工参与企业抉择，可以加深知识型员工对价值观和企业目标的认同感。程序将知识型员工作为合作者对待，给予其充分信任和适当的授权，一旦在决策过程他们发现企业的目标和自己个人目标相近或一致时，会对企业产生强烈的归属感。现代企业管理制度在程序公平上的体现是提倡"制度管人"而不是"人管人"，民营科技企业在程序公平的基础上制订一系列管理制度，是企业实行规范化管理、提高科技员工忠诚的有效手段之一。这些内部规章制度能够促进员工公平竞争，制度面前人人平等，这样可以使优秀人才脱颖而出。科技员工在公平竞争的环境下，人人都拥有相同的竞争机会，自己的一技之长能够得以发挥，可以在企业中实现自己的目标与理想，这样就有可能产生双向忠诚的效果。二是程序公平是分配公平的前提与基础。相对于一线生产员工，知识型员工的工作绩效很难量化，有的从事基础性科研工作，薪酬的分配标准很难制定，因此绝对的公平很难实现。在这种情况下，当员工认为分配不公平时，会首先想到程序的不公平性。如果员工认为企业报酬的分配是基于一套标准、一杆尺子、无偏见、对所有员工一视同仁，就会觉得企业公平地对待了他们，即使分配结果对自己不利；反之就会产生严重的不公平感。三是程序公平可能减少员工离职。与发达的资本主义国家企业的规章制度具有严格的法律效力相比，我国法律对企业内部制度的管理与控制较少，尤其是民营科技企业的规章制度只要是不明显违反法律，具有领导者个人风格的人治、专横和专制的特点。承袭传统的管理模式与知识型员工日益觉醒的民主意识形成了鲜明的对照，有时会造成强烈的冲突，这就激发了员工对程序公平的强烈渴望，对离职倾向的影响显著。所以说科技知识型员工比一般员工更加关心决策过程的公平性。

（二）人际公平、信息公平对双向忠诚的影响

人际公平和信息公平对双向忠诚的影响作用较强。主要体现在以下方面：一是人际公平、信息公平可以满足知识型员工的高层次情感需要。一般员工只要了解物质报酬的最终结果是公平的，但知识型员工却有较高层次的情感需要。我国的传统文化注重精神，强调为民族、为社会、为国家的爱国主义思想，公民价值观也强调爱国爱家的核心价值观思想。这都在很大程度上影响了员工对企业有深厚的情感，认同企业的目标，以厂为家、以厂为荣并且愿意为企业做出贡献。科技知识型员工往往会蔑视没有理由的权威，且具有强烈的交流与沟通需求。如果企业领导者能以礼貌与平等的态度对待科技知识型员工，且在分配结果或过程中给予知识型员工必要与相关的信息，则会极大提高科技知识型员工对企业的忠诚与信赖。也可以让员工深切体会到企业对自己的忠诚与承诺，继而自己也会达成对企业的忠诚与承诺，这样双向忠诚的良性循环就有可能形成。二是人际公平、信息公平可以成为企业对员工忠诚的方式与工具。按照 Herzberg 的激励—保健理论，分配公平起到了激励作用，人际公平与信息公平更多起到

了保健作用，这种保健作用对科技知识型员工而言是非常重要的，可以极大地提高科技员工对企业的忠诚与信赖。信息公平与人际公平在这里主要指企业是否及时给员工传达了他应该知道的信息，并给员工提供一些政策制订的依据与解释。例如，为什么要用某种程序而不采用另一种程序去分配结果，或为什么对营销人员考核与其他人员考核有所差别等。对于重视并善于利用信息的知识型员工来说，信息公平意味着对自己有利的机会。更为关键的是，企业在传送这些信息的过程也是取得知识型员工对企业忠诚的过程。管理大师泰勒从利益角度对企业与员工的关系的阐述更为精辟，他认为："资方和工人的紧密亲切和个人之间的协作，是现代科学或责任管理的精髓。"两者关系的真正合作基础在于要让员工相信两者根本利益是高度一致的。三是人际公平、信息公平可以为企业对员工的忠诚提供良好的沟通渠道。西方国家员工从小受"自由、平等、博爱"思想的熏陶，强调个人主义，员工对自己在企业决策过程中有发言权视为一种不可缺少的权益，而在中国，企业历来是高权力距离，受儒家思想影响深远。员工认为决策权是领导者的特权，自己无权也不必要参与企业决策。但是随着时代的发展，科技知识型员工与他们的前辈有很大差别，他们具有较强的沟通需求，比较排斥专横的家长制领导与管理方式，希望在工作中能够享有充分的独立性和发言权。所以从双向忠诚的角度来看，建立企业与员工的良好沟通渠道显得十分必要。心理学家 Simonov 指出，人们掌握与自身利益相关的信息越少，情绪就会越激动，相应的行为也会越缺乏理智。杨献碧（2006）指出，如果组织内成员长期得不到正确的信息，他们会不假思索地选择接受各种谣言。而对分配公平、信息公平、程序公平的不满，对影响分配结果的程序与信息的疑惑得不到及时与正确的解释，势必影响员工的心理感受，不美好的心理感受必将导致对组织忠诚度的下降。更为重要的是企业与员工良好的沟通渠道可以防止非正式组织传播"小道消息"，从而有利于企业与员工的双向忠诚。

（三）分配公平对双向忠诚的影响

程序公平、人际公平、信息公平最终通过分配公平得以实现。在企业的人力资源管理工作中，分配公平中薪酬问题始终是最敏感的问题之一。民营企业与知识型员工在薪酬分配问题上由于各自的目标不同，两者之间是"零和博弈"，在总体资源二分有限的条件下，分配公平对双向忠诚的影响至关重要。一是分配公平关系员工对企业的向心力。根据社会交换理论，员工进入企业生产劳动，即以自己的知识专业特长（也是一种资本）获取企业给予的物质或精神上的报酬，是基于一种交换的目的。但这种交换关系并不是唯一的，企业整体与员工整体双方都有自由选择权，员工选择某一企业工作是以分配公平为基础的，如果企业没有做到分配公平，员工就会选择到分配公平的企业而拒绝到分配不够公平企业工作。分配公平分为外部公平和内部公平，外部公平是员工与企业外其他企业员工进行比较，内部公平是指员工与企业内部同事横向进行比较。分配公平考虑的是员工所得结果的大小和员工自己付出劳动的比较，只有当员工认为自己在企业的付出通过内外部的比较后能够得到公正的回报时，才会对组织产生信任和信赖，提高他们对企业的忠诚度与工作满意度，尤其是当员工认为自己的付出小于回报时，也会通过角色外额外付出等来报答组织。二是分配公平关系企业与员工的共同发展。一般来说，企业盈利的多少与员工报酬多少成正比。企业发展了，员工也应该得以发展，否则雇主的富裕就不会持久。员工进入企业最基本的动机就是获得自身在资源上的满足并得以发展。知识型员工虽然没有将物质追求作为自己的唯一目标，但也在很大程度上将薪资报酬作为其地位与身份的衡量因素之一。科技知识型员工尤其是高学历员工在获取专业知识的过程中付出了大量的时间、精力、金钱等成本，这些成本在经济学中称沉没成本，因而在运用知识和能力时会相应地对回报有较高的要求。三是分配公平不仅体现在物质层面，也体现在员工自身价值实现等精神层面上。民营企业的特点之一就是将必须支付员工的薪酬作为成本来对待，只想最大限度地利用员工的专业知识与技能，忽视对其再生产的投入——员工发展空间的规划及给予必要的知识更新与培训。资源上的分配公平不仅是指物质上的资源，即薪酬和福利，还包括工作发展空间、知识更新培训等资源。科技员工受教育水平较高，投入比一般员工更多，因此在运用知识和技能的过程中相对需要有较高的回报要求。知识型员工与一般员工相比，工作奋斗目标更加明确，除物质上的满足外还有员工自身事业的发展前途，包括体现一定的社会地位、职位要求、自己的职业生涯设计与规划，不愿意只做企业的"打工仔"而是渴望一份有助于职业生涯目标实现的工作。当员工发现企业的发展目标和自身的理想一致，企业愿意并能够提供给自己足够的发展舞台时，员工会二十四小时全身心地投入到工作中。这也对员工的知识更新提出了更高的要求，以适应不断发展的社会和外界竞争。仅靠员工单方面的努力是不够的，企业必须给员工提供必要的培训以满足员工自我提高的需求，这也是一种资源的分配公平。具体来说企业在招聘员工时，就必须提前注意选择与企业发展目标一致的员工，把他们安置在需要具有创新能力的工作岗位上，然后以在职培训、带薪进修、轮岗锻炼等手段帮助有潜力员工提高自身素质与能力，在这个过程中实施相应的人才评估机制，使得员工的巨大潜能得以发挥，员工也可以不断地认识自我、修正自我、提高自我，进而不断增加对组织的忠诚度。

七、本章小结

综上所述，我们可以假定双向忠诚是企业与员工价值观、所处的生命周期、企业领导风格、组织氛围、组织公平等多种因素相互作用的结果。本章对这些影响双向忠诚的因素分析都是定性方面的而不是定量方面的。企业与员工价值观一致对双向忠诚的影响至关重要也可以说是首要因素，是其他因素对双向忠诚影响的前提与基础。企业与员工的生命周期影响主要从两者的匹配角度加以定性分析，员工与企业的各自生命周期内需求各有特点，两者的对接与匹配要做到合适与恰当。企业领导风格从变革型与交易型两种类型领导风格进行论述。组织氛围从支持性与控制性两种类型组织氛围进行论述。组织公平则是从程序公平、人际公平、信息公平和分配公平四个维度分别论述对双向忠诚的影响。另外，企业与员工价值观、所处的生命周期、企业领导风格、组织氛围、组织公平对双向忠诚的影响都从定量分析的角度做了初步的假设，为后文的检验分析打下基础。由于篇幅所限，本章对提升双向忠诚的措施与方法只是简单提及，没有深入发挥，对提升双向忠诚的措施与方法将在第七章专门论述。

第六章
企业与员工双向忠诚的机理研究

企业与员工双向忠诚的作用机理是组织管理学中的一个较新研究课题。迄今为止，还未发现国内外学界有关双向忠诚，企业对员工忠诚与员工对企业忠诚的相互作用，以及双向忠诚与组织绩效的关系三个方面的研究成果。以前对员工忠诚的研究较多，相关文献颇丰，本书在心理契约基础上以全新的盟约理论来对双向忠诚问题进行实证分析并得出结论。

一、盟约理论与双向忠诚理论模型构建

（一）盟约关系的起源

《礼记·曲礼》中有"约信曰誓，池牲曰盟"的记载，盟的本意是结盟双方在神前发誓，《三苍》中说"盟，献血誓也"，在中国古代，"义"的精神实质就是"盟"，"盟"从字面上理解是指结盟双方或多方以信为本、永不背叛，相互支持、坦诚相待。从现代管理学的意义上讲，盟是指利益双方或多方相互对对方的品行采取充分信任的态度。

（二）盟约关系与剩余价值的分配

在本章研究前我们首先明确两个概念：劳动报酬与人力资本投资收益。劳动报酬（Labor Remuneration）是指劳动者付出体力或脑力劳动所得的用于补偿再生产所需要的代价，体现的是劳动者为他人或社会创造的价值。它一般包括三个部分：一是货币工资，指企业以货币形式直接支付给体脑力员工的各种工资、奖金、津贴、补贴等；二是各种形式的实物报酬，即企业以免费或低于成本价格提供给员工的各种物品和服务等；三是企业为员工缴纳的各种社会统筹保险。劳动报酬的范围包括计时工资、计件工资、奖金、各种补贴和津贴、加班加点工资。人力资本收益定义有广义和狭义之分：广义的人力资本收益指人力资本所有者（员工）被雇用后获得的报酬，包括劳动报酬和非劳动报酬，劳动报酬指基本工资、奖金、一般的福利等工资性收益；非劳动报酬指利润分享计划、股权分配、股票期权等分享利润性收益。狭义的人力资本收益指人力资本所有者以资本形态获得的企业收益，特指分享利润收益。

（三）合同关系、心理契约、盟约关系与双向忠诚四者之间的关系

在企业与员工的关系上，心理契约是比合同关系更加前沿的理论，在此基础上，本书认为：盟约理论是比心理契约更加先进与完善的指导实践的理论，因为它不仅脱离了企业与员工之间的心灵上的无形期待，更重要的是，它是企业与员工之间的无形期待与有形制约的结合，也是企业与员工之间的心理契约与法律制约的有机结合，又是企业与员工之间的"义"与"理"的结合。合同关系、盟约理论、心理契约与双向忠诚四者之间的具体关系如表6-1所示。

（四）盟约关系对双向忠诚的理论再造

盟约关系对于可替代性较强的体力劳动者占大多数的企业的指导意义

不大，本书对于知识化程度不高的纯体力员工占多数的企业未予关注，这也是本书题目冠以"知识型员工"的理由之一。

表6-1　企业与员工合同关系、心理契约、盟约关系、双向忠诚四者之间的比较

名称	合同关系	心理契约	盟约关系	双向忠诚
定义	劳动者入职要与用人单位签订劳动合同，建立劳动关系。劳动合同体现了双方的权利与义务，具有法律约束力	个人将有所奉献与组织欲望有所获取之间，以及组织将针对个人期望收获而有所提供的一种配合	企业组织和员工个体之间建立起来的，以双方的信任和资本互补性为基础，合约为保障和约束的一种合作关系	员工与组织相互在情感上与组织紧密结合，员工愿意将组织的利益置于个人利益之上，并且积极主动为之付出。高级盟约关系就是双向忠诚
时间差异	合同存续期间内	合同存续期间内	长效应性	职业生涯
载体差异	法律文书	心理上	心理上	精神上
情感差异	注重物质	物质与心理兼顾	注重精神	注重精神
形成上的差异	较易	要时间磨合	长时间默契	职业维系
目的差异	单方获利	双方兼顾	需要时可为对方牺牲与奉献	立足长远，以远见卓识为基本前提

盟约关系对双向忠诚的理论再造具体表现在以下几个方面：一是知识型员工与民营企业之间关系由被管理者—管理者转变为同盟关系；员工的身份由纯粹的被雇佣者转变为合作者；薪酬由企业按照市场价格支付的工资转变为人力资本投资收益。员工的实际收益只能由消费者和市场来评判，同盟型关系下的企业也就转变为基于人力资本和物质资本互补性的组合体，他们之间是相互需要与相互合作的新型关系，也就没有了企业按照市场需要支付的价格。二是盟约关系贯穿整个双向忠诚过程始终，具体表现为知识型员工与民营企业之间双向忠诚的动态性。从系统论的观点看，双向忠诚是一个动态的时空变量，双向忠诚管理不仅包括忠诚的建立，还包括双向忠诚的维系，并应根据外界情况的变化及时调整或纠正。有效的

员工忠诚管理应该是始于员工被雇用之前，持续到员工退休或辞职之后的职业生涯全过程管理。因此应根据招聘期、员工稳定期、离职潜伏期甚至员工辞职期和辞职后等不同阶段的特点，各有所侧重，以做到知识型员工在岗期间以主人翁的姿态勤奋工作，即使离职后也对企业怀有浓厚感情，自觉维护企业利益，保守企业秘密并及时向企业提供有利资讯。三是民营企业与知识型员工双向忠诚的内容结构主要就是指盟约理论方面的内容——人性化管理与法治的高度统一。纵观人类历史上每一次对于管理者与被管理者之间关系的调整，都是人类自身的身心解放的革命，反过来都会进一步促进社会生产力水平的极大发展。盟约理论使管理一步步走向人性化，同时也是生产力水平逐渐增加的过程。当前，科技进步日新月异，我国正处在生产力水平飞跃发展和人类前所未有的对于自身身心解放的转折时期。这也标志着经济水平和人性认识共同决定的企业与知识型员工新的关系实现质的飞跃过程在孕育中。这种关系定位于人类理性的光辉与物质快速增长之间完美的结合点。双向忠诚精神的核心是人性化法治，偏重人性伦理。而盟约关系则是从法理角度对它的精确描述，是人性化管理与法治的高度统一。民营企业如果真正建立起了这种新型的盟约关系，则企业与知识型员工之间的良性合作关系就具备了深厚的文化基础。在实现员工自身发展的培训问题上，"盟"促成了双方的互信与合作，其向心力和凝聚力大大降低了知识型员工培训的风险。而"约"则从法律上事先公开规定了企业与员工的权利与应尽的义务。民营企业可以通过提供培训经费、约定服务期限、违约经济赔偿等方式保证自己的利益不受侵害。四是盟约关系下，民营企业家由日常事务管理者变为员工的精神领袖。民营企业家与知识型员工的角色都有很大的转变，民营企业家由管理监督者向知识型员工的辅助者或企业的精神领袖转变；知识型员工的角色由雇佣劳动者向企业股东或企业合作者转变。盟约关系下企业家可以用优秀的团队所取代，而不是因为个人的更替而使企业的价值观有所变化，知识型员工也可因为一种理想和精神共同奋斗，而不是为一个人奋斗。

（五）盟约理论对双向忠诚作用关系示意图

盟约理论是通过领导与员工交换来实现员工与企业的双向忠诚，具体作用方式如图 6-1 所示。

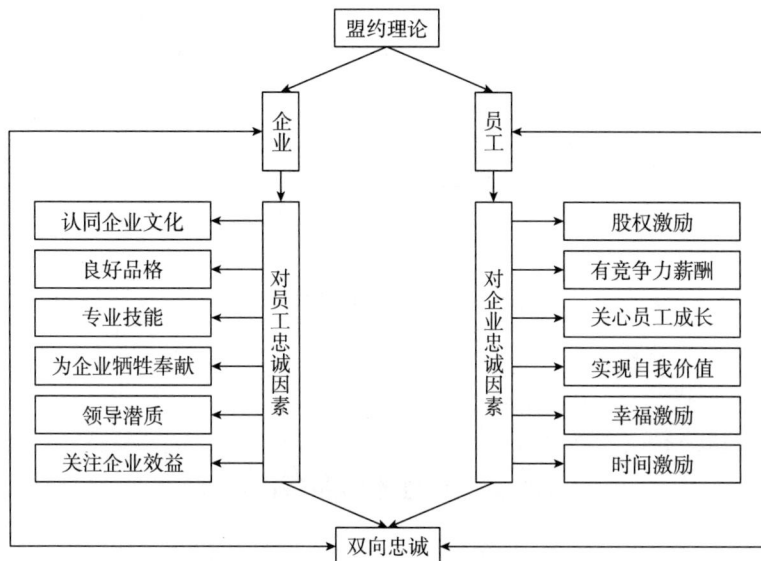

图 6-1 双向忠诚关系

二、双向忠诚作用机理

双向忠诚作用机理是通过领导—员工交换这个中介变量实现的，调节变量是员工忠诚度或企业对员工信任度，这两者共同形成了双向忠诚度，因为忠诚是相互的，没有企业对员工的忠诚就很难赢得员工对企业的忠诚。员工忠诚度的研究有必要与企业对员工忠诚结合起来研究，双向忠诚作用机理如图 6-2 所示。

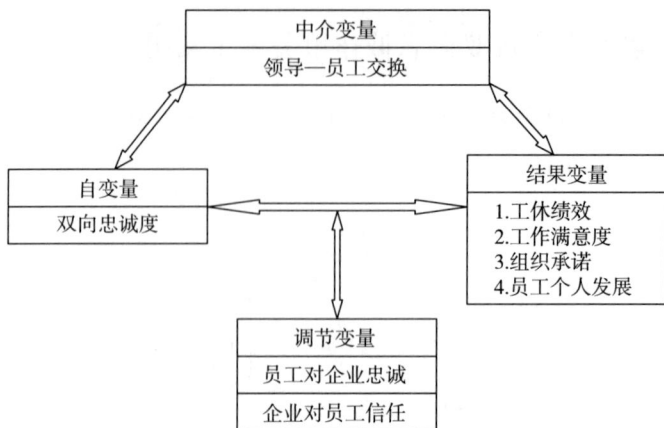

图 6 - 2　双向忠诚作用机理

三、问卷样本信息

　　本书的调查对象是民营企业中的知识型员工，具体包括管理人员、研究人员、技术人员和辅助人员等。管理人员指企业中各层级机构的管理人员，包括中高级管理人员与车间班组的基层管理人员。研究人员指企业主要参与研究开发项目的专业人员，包括具有中高级职称的学者、专家等。技术人员指具有工程技术、自然科学和生命科学中一个或一个以上领域的技术知识和经验，在研究人员指导下参加研究开发工作的专业人员。辅助人员指参与研究开发活动的熟练技工。学历以专科为分水岭，专科以下的员工不属于科技知识型员工。

　　在有效样本中，性别比例方面，男性数量居多，占 68.3%，女性占 31.7%。在年龄结构方面，20~25 岁的被试占 13.1%，26~35 岁的被试居多，占 44.1%，36~45 岁的被试占 30.8%，46 岁以上较少，占 12%。

在教育程度方面，最高学历为博士，占比1.9%，硕士学历比例为
27.8%，本科学历被试最多，占65.2%，专科学历占5.1%。在企业规模
方面，50~100人的企业最多，占47.1%，101~150人的企业占23.5%，
151~200人的企业占17.7%，201~250人的企业被试最少，占11.7%。
具体如图6-3至图6-6所示。

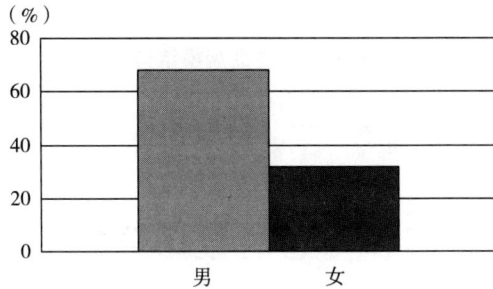

图6-3 样本性别结构

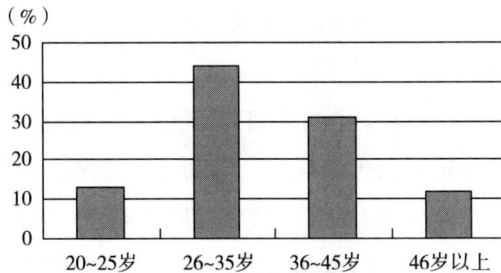

图6-4 样本年龄结构

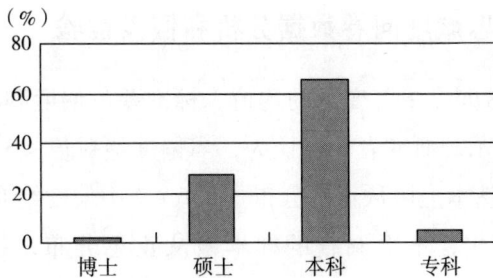

图6-5 样本学历结构

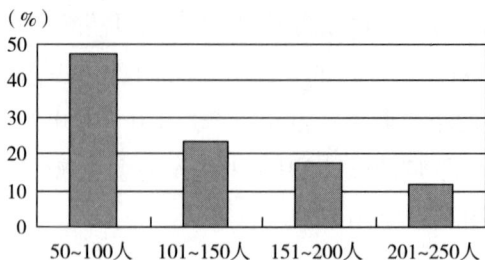

图 6 - 6　企业规模结构

四、问卷的数据分析

本章主要是对问卷调查获得的数据进行统计分析，并陈述分析结果。具体内容安排如下：分别对员工忠诚问卷、企业对员工忠诚问卷、员工双向忠诚问卷等数据进行分析。由于员工忠诚的实证研究较多，成果较为丰富，所以本书着重分析双向忠诚问卷。分析中，首先，验证样本数据服从正态分布；其次，对样本调查获得的数据进行确定性因子分析（CFA）和方差分析，评估变量测量的信度和效度；最后，分析各潜在变量之间的关系，对所提出的理论模型和相关假设进行检验。

（一）双向忠诚度问卷数据分析和假设检验

员工双向忠诚问卷中各变量的均值、标准差、偏度和峰度等描述性统计量如表 6 - 2 所示。研究者一般认为，当偏度绝对值 <3、峰度绝对值 <10 时，表中样本基本上服从正态分布。表 6 - 2 中偏度绝对值 <2、峰度绝对值 <3，可以得出，本次调查的样本服从正态分布，数据可以用来做分析。

表 6 - 2　双向忠诚度问卷的描述性统计量（Descriptive Statistics）

B0	均值 统计量	标准差 统计量	偏度 统计量	偏度 标准误	峰度 统计量	峰度 标准误
B1	3.4707	0.93007	− 0.183	0.166	− 0.088	0.3330
B2	3.1157	1.11252	− 0.006	0.166	− 0.731	0.330
B3	3.7657	0.89210	− 0.447	0.166	− 0.323	0.330
B4	3.4868	0.92500	0.059	0.166	− 0.515	0.330
B5	3.7598	0.88260	− 0.287	0.166	− 0.421	0.330
B6	3.3635	1.01969	0.026	0.166	− 0.712	0.330
B7	3.3843	0.95261	− 0.055	0.166	− 0.434	0.330
B8	2.9583	0.97977	− 0.090	0.166	− 0.582	0.330
B9	3.5833	0.99417	− 0.348	0.166	− 0.472	0.330
B10	3.7222	0.90819	− 0.009	0.166	− 0.868	0.330
B11	2.6898	0.98532	− 0.118	0.166	0.272	0.330
B12	3.8333	0.88921	− 0.548	0.166	0.238	0.330
B13	4.0972	0.78639	− 0.753	0.166	0.431	0.330
B14	2.8750	1.05130	0.034	0.166	− 0.731	0.330
B15	3.4398	1.06360	− 0.017	0.166	− 0.881	0.330
B16	3.5417	0.92918	− 0.158	0.166	− 0.514	0.330
B17	3.8380	0.82780	− 0.434	0.166	0.010	0.330
B18	3.9815	0.80095	− 0.679	0.166	0.865	0.330
B19	2.8194	1.04316	0.219	0.166	− 0.548	0.330
B20	3.4444	1.01920	− 0.314	0.166	− 0.336	0.330
B21	3.7454	0.76857	− 0.273	0.166	0.135	0.330
B22	4.2269	0.71491	− 0.672	0.166	0.288	0.330
B23	4.2407	0.70706	− 0.779	0.166	1.213	0.330
B24	3.6389	0.99261	− 0.520	0.166	− 0.214	0.330
B25	3.9074	0.72864	− 0.147	0.166	− 0.436	0.330

注：统计量为 246。

（二）员工双向忠诚问卷的信度分析

35 个条款的原始量表的信度系数为 0.792、标准化为 0.807，表明此量表的信度可以接受。具体如表 6 - 3 所示。

表6-3 可靠性统计

Cronbach's Alpha 值	Cronbach's Alpha Based on Standardized Items	数量
0.792	0.807	35

分别对组织双向忠诚条款、主管双向忠诚条款和职业双向忠诚条款进行的信度分析，剔除 B2、B9、B15 和 B29 条款后，员工双向忠诚度总量表的信度系数为 0.842、标准化为 0.848，大于 0.8，表明此量表的信度是比较理想的，比原来的要好。具体如表6-4所示。

表6-4 相关度统计

Cronbach's Alpha 值	Cronbach's Alpha Based on Standardized Items	数量
0.842	0.848	31

从表6-5中可以得出，246 位被调查者在各项目得分的基本描述，包括均值（Mean）和标准差（Std. Deviation），其中 B13、B22、B23、B28、B30、B31 条款平均得分 T 值较高，而 B8、B11、B14 和 B19 条款平均得分较低。

表6-5 项目统计

	均值	标准差	数量		均值	标准差	数量
B1	3.4907	0.93007	246	B12	3.8533	0.88921	246
B3	3.8657	0.89210	246	B13	4.0972	0.78639	246
B4	3.4861	0.92500	246	B14	2.8950	1.05230	246
B5	3.7593	0.88260	246	B15	3.7543	0.8745	246
B6	3.3935	1.01969	246	B16	3.5417	0.92918	246
B7	3.3843	0.95261	246	B17	3.8780	0.82780	246
B8	2.9583	0.98977	246	B18	3.9816	0.80295	246
B9	2.9943	0.9986	246	B19	2.8594	1.04316	246
B10	3.7822	0.90819	246	B20	3.444	1.01920	216
B11	2.6898	0.95532	246	B21	3.7454	0.76855	216

续表

	均值	标准差	数量		均值	标准差	数量
B22	4.2269	0.71491	216	B30	4.2546	0.73768	216
B23	4.2407	0.70705	216	B31	4.2407	0.79382	216
B24	3.6389	0.99261	216	B32	3.6019	0.94441	216
B25	3.90747	0.72864	216	B33	3.7778	0.89269	216
B26	3.8704	0.86366	216	B34	3.1806	1.011147	216
B27	3.4676	0.88862	216	B35	3.5833	0.95113	216
B28	4.1250	0.78836	216				216

注：有些问卷数据合格，有些问卷数据不合格，所以出现删除题项条款后数据不一致的情况。后同。

表6－6是员工双向忠诚度修改后问卷各条款项目的简单相关系数矩阵（Inter－Item Correlation Matrix）。相关系数较高的条款有B4与B5、B4与B6、B5和B6，分别是0.662、0.748和0.700。相关系数较低的有B4与B11、B18、B32。

表6－6　简单相关系数矩阵

	B1	B3	B4	B5	B6	B7	B8	B10	B11	B12
B1	1.000	0.343	0.354	0.337	0.350	0.211	0.012	0.278	−0.043	0.116
B3	0.343	1.000	0.401	0.290	0.324	0.105	−0.154	0.212	−0.142	−0.058
B4	0.364	0.401	1.000	0.662	0.748	0.436	0.058	0.521	−0.008	−0.076
B5	0.387	0.290	0.662	1.000	0.700	0.481	0.036	0.572	−0.106	−0.022
B6	0.350	0.324	0.788	0.700	1.000	0.466	0.118	0.495	−0.017	−0.112
B7	0.211	0.105	0.436	0.481	0.466	1.000	0.096	0.441	0.019	0.087
B8	0.012	−0.154	0.058	0.036	0.118	0.096	1.000	0.034	0.542	0.066
B9	0.340	0.311	0.447	0.842	0.376	0.069	0.223	0.412	0.021	0.092
B10	0.248	0.212	0.521	0.572	0.495	0.441	0.034	1.000	−0.019	0.029
B11	−0.043	−0.142	−0.008	−0.106	−0.017	0.019	0.542	−0.019	1.000	0.098
B12	0.116	−0.058	−0.076	−0.022	−0.112	0.087	0.066	0.029	0.098	1.000
B13	0.195	0.131	−0.021	0.014	−0.0054	0.062	−0.043	0.155	−0.053	0.429
B14	0.073	−0.043	0.183	−0.008	0.103	0.016	0.362	−0.139	0.526	0.062
B15	0.257	0.424	0.537	0.337	0.721	0.352	0.319	0.378	0.034	0.089
B16	0.353	0.066	0.434	0.438	0.505	0.442	0.121	0.422	0.012	0.025
B17	−0.096	0.122	−0.061	−0.054	−0.139	−0.098	−0.065	−0.184	0.095	0.121

续表

	B13	B14	B16	B17	B18	B19	B20	B21	B22	B23
B1	0.195	0.073	0.360	-0.096	0.131	0.379	0.068	0.124	0.224	0.180
B3	0.131	-0.043	0.066	0.122	0.101	0.079	0.189	0.120	0.165	0.228
B4	-0.021	0.173	0.434	-0.061	0.006	0.222	0.145	0.162	0.276	0.112
B5	0.014	-0.008	0.448	-0.054	-0.033	0.225	0.140	0.067	0.131	0.116
B6	-0.054	0.103	0.505	-0.139	0.055	0.325	0.095	0.087	0.222	0.081
B7	0.062	0.016	0.442	-0.098	-0.045	0.113	0.063	-0.005	0.022	0.076
B8	-0.043	0.362	0.121	-0.065	-0.019	0.069	-0.129	0.029	-0.065	-0.052
B9	0.155	-0.139	0.32	-0.184	0.038	0.060	0.114	0.085	0.241	0.192
B10	-0.053	0.526	0.012	0.095	0.071	0.060	-0.058	0.076	0.008	-0.020
B11	0.429	0.062	0.025	0.121	0.263	0.042	0.010	0.074	0.082	0.145
B12	1.000	0.004	0.119	0.117	0.114	-0.35	0.126	0.133	0.209	0.292
B13	0.004	1.000	0.179	0.142	0.102	0.116	-0.013	0.185	0.046	0.034
B14	0.119	0.179	1.000	-0.73	0.057	0.375	0.049	0.051	0.167	0.084
B15	0.127	0.033	0.379	0.178	0.099	0.211	0.138	0.156	0.231	0.114
B17	0.117	0.142	-0.073	1.000	0.059	-153	0.157	0.235	0.102	0.313
B18	0.114	0.102	0.057	0.059	1.000	0.024	0.044	0.332	0.259	0.123
B19	-0.035	0.115	0.0375	-0.153	0.024	1.000	-0.034	0.024	0.192	-0.054
B20	0.126	-0.013	0.049	0.157	0.044	-0.034	1.000	0.210	0.021	0.296
B21	0.133	0.185	0.051	0.236	0.332	0.024	0.210	1.000	0.385	0.242
B22	0.209	0.044	0.187	0.102	0.259	0.192	0.021	0.385	1.000	0.480
B23	0.292	0.034	0.084	0.313	0.123	-0.054	0.296	0.212	0.480	1.000
B24	0.146	0.006	0.258	0.245	0.196	0.121	0.238	0.197	0.247	0.297
B25	0.211	0.003	0.315	0.091	0.101	0.088	0.350	0.240	0.264	0.450
B26	0.107	0.100	0.297	0.049	0.077	0.124	0.240	0.223	0.259	0.196
B27	0.114	-0.057	0.227	0.040	0.156	0.197	0.185	0.168	0.235	0.198
B28	0.250	0.053	0.212	0.081	0.033	0.226	0.139	0.091	0.288	0.305
B29	0.254	-0.019	0.225	0.053	-0.008	0.030	0.220	0.108	0.216	0.363
B30	0.134	-0.008	0.106	-0.068	0.022	-0.009	0.258	0.063	0.248	0.352
B31	-0.028	0.048	-0.002	0.078	-0.016	0.040	-0.042	0.084	0.190	0.352
B32	0.084	-0.020	0.191	-0.005	0.027	0.161	0.155	-0.077	0.109	0.088
B33	0.147	-0.005	0.153	-0.004	0.073	0.141	0.229	-0.0102	0.155	0.258
B34	0.148	0.003	0.325	-0.003	0.118	0.233	0.120	0.045	0.153	0.274
B35	0.119	0.001	0.232	0.054	0.019	0.182	0.276	0.222	0.333	0.364

续表

	B24	B25	B26	B27	B28	B30	B31	B32	B33	B34	B35
B1	0. 132	0. 273	0. 168	0. 222	0. 266	0. 203	0. 053	0. 075	0. 134	0. 281	0. 232
B3	0. 108	0. 231	0. 219	0. 138	0. 268	0. 264	0. 236	0. 06	0. 178	0. 243	0. 142
B4	0. 121	0. 316	0. 236	0. 260	0. 216	0. 295	0. 214	− 0. 001	0. 165	0. 159	0. 205
B5	0. 033	0. 276	0. 264	0. 215	0. 271	0. 366	0. 249	− 0. 076	0. 180	0. 080	0. 295
B6	0. 054	0. 300	0. 380	0. 258	0. 239	0. 305	0. 175	− 0. 012	0. 215	0. 107	0. 290
B7	− 0. 015	0. 246	0. 242	0. 116	0. 128	0. 218	0. 111	− 0. 113	0. 046	0. 015	0. 203
B8	− 0. 044	0. 014	0. 097	0. 059	− 0. 029	0. 046	− 0. 100	0. 052	0. 088	− 0. 034	0. 046
B9	0. 095	0. 404	0. 371	0. 323	0. 341	0. 405	0. 371	−0075	0. 210	0. 176	0. 302
B10	− 0. 055	− 0. 021	0. 109	− 0. 004	− 0. 004	0. 020	− 0. 042	0. 110	0. 126	0. 063	0. 052
B11	0. 116	0. 091	0. 093	0. 076	0. 176	0. 065	− 0. 061	0. 004	0. 012	0. 096	0. 104
B12	0. 146	0. 211	0. 108	0. 250	0. 250	0. 254	0. 134	− 0. 029	0. 084	0. 147	0. 148
B13	0. 111	0. 282	0. 154	0. 213	0. 255	0. 344	0. 218	0. 007	0. 154	0. 244	0. 206
B14	0. 006	0. 003	0. 100	− 0. 057	0. 053	− 0. 019	− 0. 008	0. 048	− 0. 020	− 0. 005	0. 003
B15	0. 117	0. 293	0. 214	0. 198	0. 188	0. 378	0. 356	0. 119	0. 181	0. 222	0. 072
B16	0. 258	0. 315	0. 297	0. 227	0. 212	0. 255	0. 107	− 0. 002	0. 191	0. 153	0. 325
B17	0. 245	0. 091	0. 049	0. 040	0. 081	0. 053	− 0. 068	0. 078	− 0. 05	− 0. 004	− 0. 03
B18	0. 196	0. 101	0. 077	0. 156	0. 033	− 0. 008	0. 022	− 0. 016	0. 27	0. 073	0. 118
B19	0. 121	0. 088	0. 124	0. 197	0. 226	0. 030	− 0. 009	0. 040	0. 161	0. 141	0. 233
B20	0. 238	0. 350	0. 240	0. 185	0. 139	0. 220	0. 257	− 0. 042	0. 155	0. 229	0. 120
B21	0. 196	0. 240	0. 223	0. 168	0. 091	0. 107	0. 063	0. 084	− 0. 076	− 0. 102	0. 045
B22	0. 247	0. 264	0. 259	0. 235	0. 288	0. 216	0. 248	0. 190	0. 109	0. 155	0. 153
B23	0. 297	0. 450	0. 196	0. 198	0. 305	0. 363	0. 352	0. 088	0. 188	0. 258	0. 274
B24	1. 000	0. 039	0. 254	0. 245	0. 224	0. 145	0. 134	0. 193	0. 282	0. 292	0. 264
B25	0. 339	1. 000	0. 535	0. 434	0. 401	0. 390	0. 272	− 0. 027	0. 204	0. 237	0. 327
B26	0. 254	0. 535	1. 000	0. 449	0. 243	2420. 4	0. 181	0. 113	. 053	0. 165	0. 149
B27	0. 254	0. 434	0. 449	1. 000	0. 268	0. 186	0. 110	0. 084	0. 102	0. 092	0. 215
B28	0. 220.	0. 401	0. 243	0. 268	1. 000	0. 441	0. 383	0. 166	0. 416	0. 240	0. 281
B29	0. 145	0. 390	0. 242	0. 186	0. 4413	1. 000	0. 523	0. 048	0. 312	0. 237	0. 318
B30	0. 134	0. 275	0. 181	0. 110	0. 383	0. 522	1. 000	1. 000	0. 352	0. 345	0. 331
B31	0. 193	− 0. 027	0. 113.	0. 084	0. 098	0. 166	0. 048	0. 220	0. 220	0. 163	0. 037
B32	0. 282	0. 204	0. 053	0. 102	0. 416	0. 312	0. 352	0. 163	1. 000	0. 416	0. 477
B33	0. 292	0. 237	0. 165	0. 092	0. 240	0. 237	0. 345	0. 163	0. 416	1. 000	0. 354
B34	0. 264	0. 327	0. 149	0. 215	0. 281	0. 318	0. 331	0. 037	0. 477	0. 354	1. 000
B35	0. 271	0. 316	0. 152	0. 314	0. 266	0. 333	0. 512	0. 159	0. 422	0. 521	0. 118

修改量表后的各条款项目的基本描述如表6－7所示。

表6－7　总体项目统计

	均值	最小值	最大值	范围	最大值 最小值	方差	数量
均值	3.647	2.690	4.255	1.565	1.582	0.180	31
差异	0.802	0.500	1.105	0.605	2.211	0.032	3
相关性	0.152	－0.184	0.728	0.912	－3.960	0.023	31

调整后量表的各条款项目的总描述如表6－8所示。在从31个条款中将某一条款从量表中剔除的情况下，产生量表的平均分（Scale Mean if Item Deleted）、方差（Scale Variance if Item Deleted）、剩余各条款得分之间的相关系数。

表6－8　调整后的总体项目统计

	项目取消的 均值	项目取消的 方差	校正项目 总相关系数	多元相关 平方值	项目取消的 Cronbach's Alpha 值
B1	109.5509	124.118	0.451	0.409	0.835
B3	109.1759	126.415	0.355	0.385	0.838
B4	109.5556	122.071	0.559	0.687	0.831
B5	109.2824	123.804	0.496	0.648	0.833
B6	109.6481	121.393	0.529	0.713	0.832
B7	109.6574	126.263	0.334	0.402	0.838
B8	110.833	130.933	0.107	0.388	0.846
B10	109.3194	123.252	0.506	0.605	0.833
B11	110.3519	130.778	0.121	0.523	0.845
B12	109.2083	130.324	0.158	0.346	0.843
B13	108.9444	129.156	0.255	0.352	0.840
B14	110.1667	129.321	0.164	0.494	0.844
B15	109.5000	123.107	0.503	0.513	0.833
B16	109.5000	132.248	0.073	0.345	0.845

	项目取消的均值	项目取消的方差	校正项目总相关系数	多元相关平方值	项目取消的 Cronbach's Alpha 值
B17	109.2037	127.163	0.186	0.291	0.842
B18	109.0602	130.289	0.276	0.387	0.841
B19	110.222	126.760	0.267	0.307	0.841
B20	109.2963	128.954	0.274	0.375	0.840
B21	108.8148	127.008	0.423	0.506	0.836
B22	108.8009	126.802	0.441	0.524	0.836
B23	109.4028	125.052	0.375	0.368	0.837
B24	109.1343	124.405	0.578	0.352	0.832
B25	109.20	129.774	0.499	0.538	0.846
B26	109.1713	123.817	0.508	0.489	0.833
B27	109.5741	125.306	0.414	0.346	0.836
B28	108.9167	124.719	0.510	0.457	0.833
B29	109.4422	130.554	0.518	0.479	0.819
B30	108.7870	125.303	0.514	0.483	0.834
B31	108.8009	126.898	0.380	0.496	0.837
B32	109.4398	131.027	0.111	0.281	0.845
B33	109.2639	125.553	0.399	0.485	0.836
B34	109.8611	124.847	0.374	0.397	0.837
B35	109.4583	123.310	0.479	0.407	0.834

　　调整前量表的各条款项目的总描述如表 6-9 所示。从 35 个条款中将某一条款从量表中剔除的情况下，产生量表的平均分（Scale Mean if Item Deleted）、方差（Scale Variance if Item Deleted）、每个条款得分与剩余各条款得分之间的相关系数（Corrected Item – TotalCorrelation）、以该条款为自变量所有其他条款为因变量建立回归方程的 R^2 值（Squared Multiple Correlation）以及 a 值（Cronbach's Alpha if Item Deleted）。

　　从表 6-9 的数值可以得出，如果将 B2、B9、B15 条款剔除，该量表的信度系数都超过 0.8；如果将 B29 条款剔除，该量表的信度系数接近

0.8，故可以考虑将 B2、B9、B15 和 B29 条款剔除，以便提高该量表的信度系数。剔除后的量表的信度系数达到 0.8 以上。

表 6-9　调整前的总体项目统计

	项目取消的均值	项目取消的方差	校正项目总相关系数	多元相关平方值	项目取消的 Cronbach's Alpha 值
B1	122.7871	117.578	0.409	0.423	0.781
B2	123.1620	127.709	-0.090	0.507	0.803
B3	122.4120	119.109	0.348	0.404	0.783
B4	122.7919	116.154	0.485	0.695	0.778
B5	122.5185	117.739	0.426	0.672	0.780
B6	122.8873	116.047	0.436	0.720	0.779
B7	122.8936	119.714	0.290	0.408	0.785
B8	123.3184	122.967	0.127	0.402	0.792
B9	122.6944	129.143	-0.153	0.496	0.804
B10	122.5559	117.550	0.422	0.616	0.780
B11	123.5883	122.058	0.176	0.552	0.790
B12	122.4444	121.848	0.206	0.373	0.789
B13	122.1806	120.874	0.300	0.381	0.785
B14	123.4028	121.228	0.188	0.530	0.790
B15	122.8380	129.569	-0.166	0.629	0.806
B16	122.7361	117.079	0.434	0.531	0.780
B17	122.4398	123.392	0.141	0.359	0.791
B18	122.2963	123.121	0.164	0.317	0.790
B19	123.4579	120.017	0.244	0.395	0.788
B20	122.8333	120.344	0.237	0.317	0.788
B21	122.5328	121.738	0.256	0.410	0.787
B22	122.0509	119.593	0.420	0.525	0.782
B23	122.0370	119.227	0.450	0.544	0.781
B24	122.6389	117.460	0.383	0.396	0.781
B25	122.3704	117.778	0.529	0.560	0.778
B26	122.4074	116.773	0.491	0.503	0.778

续表

	项目取消的均值	项目取消的方差	校正项目总相关系数	多元相关平方值	项目取消的Cronbach's Alpha 值
B27	122.8102	118.955	0.358	0.384	0.783
B28	122.1528	117.451	0.503	0.483	0.778
B29	123.1806	124.009	0.064	0.209	0.779
B30	122.0231	117.986	0.508	0.492	0.784
B31	122.0370	120.203	0.336	0.507	0.790
B32	122.6759	121.867	0.188	0.354	0.782
B33	122.5000	118.307	0.390	0.500	0.782
B34	123.0972	117.772	0.359	0.406	0.782
B35	122.6944	117.376	0.407	0.446	0.781

表 6 - 10 显示了修改后 31 个条款总分的均值（Mean）、方差（Variance）及标准差（Std. Deviation）。

表 6 - 10　量表统计

均值	方差	标准差	数量
113.0437	134.327	11.59002	31

（三）双向忠诚度问卷的效度分析

效度指的是调查问卷测验的有效性，即问卷测验分数能够代表所要测量的心理特质的程度，或测验结果达到测验目的的程度。效度是科学测量工具最重要的必要条件，一个测验若无效度，则尽管具有其他优点，也无法发挥其真正的功能。

对知识型员工双向忠诚度问卷的效度分析，主要采用因子分析方法。进行因子分析前，首先采用 Kaiser - Meyer - Olkin（KMO）对样本数据是否适合做因子分析进行评价。从表 6 - 11 中可以看出，双向忠诚度问卷的KMO 值为 0.778，说明该数据非常适合做因子分析。通常情况下 KMO 值大于 0.5 时适合做因子分析，KMO 值越大，说明变量间的共同因素越多，越适合进行因子分析。同时，巴特利特球形检验的显著性概率是 0.000，小于 0.01，说明数据具有相关性，适合做因子分析。

表 6 - 11　KMO 和 Barthlet's 检验

	KMO 样本测度	0.778
Bartlett's 检验	Bartlett 球体测验	2377.265
	自由度	463
	显著性概率	0.000

1. 因子分析

本书对样本数据进行因子抽取并对因子用方差极大法（Varimax）进行旋转，得到经过旋转的因子载荷矩阵。发现双向忠诚有 9 个因子，结构清晰合理，总方差解释率为 64.21%，如表 6 - 12 所示，说明该问卷在效度方面的结果表现较好。

表 6 - 12　总体变量解释

成分	分量初值特征值			被提取的平方和		
	总量	方差%	累计%	总量	方差%	累计%
1	6.503	20.974	20.974	6.502	20.974	20.974
2	2.808	9.059	30.033	2.808	9.059	30.033
3	2.232	7.200	37.233	2.323	7.200	37.233
4	1.875	6.045	43.281	1.875	6.047	43.280
5	1.534	4.944	48.228	1.534	4.948	48.228
6	1.460	4.715	52.939	1.467	4.711	52.939
7	1.257	4.051	56.989	1.256	4.051	56.989
8	1.142	3.683	60.673	1.142	3.683	60.673
9	1.057	3.410	64.084	1.058	3.410	64.210
10	0.989	3.187	67.269			
11	0.903	2.908	70.855			

续表

成分	分量初值特征值			被提取的平方和		
	总量	方差%	累计%	总量	方差%	累计%
12	0.830	2.679	72.855			
13	0.754	2.434	75.288			
14	0.712	2.298	77.586			
15	0.643	2.076	79.661			
16	0.600	1.938	81.598			
17	0.576	1.859	83.456			
18	0.550	1.775	85.230			
19	0.519	1.674	86.908			
20	0.505	1.630	88.533			
21	0.485	1.567	90.099			
22	0.451	1.455	91.556			
23	0.383	1.239	92.790			
24	0.374	1.2056	93.996			
25	0.340	1.098	95.095			
26	0.322	1.039	96.135			
27	0.304	0.978	97.112			
28	0.273	0.885	97.993			
29	0.235	0.756	98.753			
30	0.202	0.655	99.407			
31	0.185	0.598	100.000			

注：提取方法：主成分分析法。

从表6-13可以看出：因子1包括B1、B3、B4、B5、B6、B7、B10、B16，因子2包括B33、B34、B35，因子3包括B24、B25、B26、B27，因子4包括B28、B30、B31，因子5包括B8、B11、B14、B19，因子6包括B18、B21、B22，因子7包括B12、B13，因子8包括B17、B20、B23，因子9包括B32，对应问卷中的条款，因子1、因子5和因子7构成了组织忠诚，因子2、因子4和因子9构成了主管忠诚，而因子3、因子6和因子8构成了职业忠诚。

表 6 - 13 双向忠诚度因子载荷矩阵

	1	2	3	4	5	6	7	8	9
B1	0.540	0.240	0.020	- 0.184	- 0.096	0.146	0.298	0.027	0.311
B3	0.440	0.115	- 0.102	0.160	- 0.254	0.078	0.001	0.419	0.359
B4	0.813	0.032	0.141	0.125	0.058	0.101	- 0.153	0.112	0.090
B5	0.807	0.063	0.083	0.204	- 0.049	- 0.029	- 0.029	0.006	- 0.061
B6	0.839	0.108	0.137	0.074	0.056	0.093	- 0.157	- 0.045	- 0.026
B7	0.627	- 0.048	0.147	0.111	0.089	- 0.158	0.168	- 0.066	- 0.251
B8	0.058	- 0.010	0.109	0.000	0.772	- 0.093	0.025	- 0.168	0.004
B10	0.561	0.081	0.333	0.441	0.069	0.040	0.087	- 0.227	- 0.112
B11	- 0.074	0.070	0.000	0.032	0.859	0.035	0.002	0.004	0.041
B12	- 0.068	0.053	0.068	- 0.071	0.113	0.103	0.802	0.001	- 0.071
B13	0.013	0.056	0.057	0.199	- 0.078	0.085	0.773	0.127	0.013
B14	0.149	0.002	- 0.147	- 0.116	0.737	0.180	0.007	0.246	0.056
B16	0.595	0.274	0.274	- 0.144	0.128	0.042	0.111	- 0.111	- 0.062
B17	- 0.146	- 0.057	0.050	- 0.018	0.109	0.082	0.141	0.727	0.080
B18	- 0.030	0.147	0.016	- 0.104	0.026	0.750	0.153	- 0.029	- 0.176
B19	0.384	0.356	0.078	- 0.412	0.049	0.118	0.040	- 0.223	0.274
B20	0.059	0.245	0.288	0.157	- 0.118	0.003	- 0.078	0.567	- 0.270
B21	0.073	- 0.180	0.197	0.084	0.114	0.684	- 0.004	0.276	0.041
B22	0.145	0.047	0.186	0.256	- 0.051	0.651	0.096	- 0.036	0.362
B23	0.020	0.196	0.194	0.382	- 0.048	0.305	0.238	0.437	0.085
B24	- 0.058	0.476	0.445	- 0.125	- 0.070	0.212	0.046	0.291	0.072
B25	0.259	0.204	0.635	0.250	- 0.034	0.098	0.143	0.222	- 0.072
B26	0.306	- 0.026	0.707	0.112	0.124	0.061	0.013	0.132	0.0105
B27	0.169	0.074	0.733	0.004	- 0.049	0.132	0.057	- 0.055	0.119
B28	0.233	0.327	0.188	0.368	- 0.019	0.026	0.299	0.037	0.288
B30	0.283	0.213	0.140	0.653	0.035	- 0.035	0.166	0.081	0.162
B31	0.126	0.375	0.016	0.720	- 0.073	0.115	- 0.082	0.010	- 0.012
B32	- 0.172	0.127	0.148	0.075	0.120	- 0.018	- 0.077	0.014	0.741
B33	0.078	0.742	0.017	0.264	0.101	- 0.073	- 0.039	- 0.022	0.137
B34	0.068	0.696	0.032	0.116	- 0.038	- 0.036	0.089	0.143	0.135
B35	0.226	0.668	0.120	0.168	0.048	0.113	0.099	- 0.073	- 0.140

2. 协方差矩阵

从表6－14可以得出9个因子没有线性关系。

表6－14 成分得分协方差矩阵

成分	1	2	3	4	5	6	7	8	9
1	1.000	0.000	0.000	1.000	0.000	0.000	0.000	0.000	0.000
2	0.000	0.000	0.000	0.000	1.000	0.000	0.000	0.000	0.000
3	0.000	0.000	0.000	0.000	0.000	1.000	0.000	0.000	0.000
4	0.000	0.000	0.000	0.000	0.000	0.000	1.000	0.000	0.000
5	0.000	0.000	0.000	0.000	0.000	0.000	0.000	0.000	0.000
6	0.000	0.000	0.000	0.000	0.000	0.000	0.000	0.000	0.000
7	0.000	0.000	0.000	0.000	0.000	0.000	0.000	0.000	0.000
8	0.000	0.000	0.000	0.000	0.000	0.000	0.000	0.000	0.000
9	0.000	0.000	0.000	0.000	0.000	0.000	0.000	0.000	0.000

（四）双向忠诚度问卷分析

从民营企业知识型员工的双向忠诚度问卷条款的信度分析和效度分析，得出的结论是调整后的双向忠诚度问卷条款满足测量要求，可以用来对民营企业知识型员工进行双向忠诚度相关分析，具体如下：

1. 基本描述

组织忠诚、职业忠诚和主管忠诚问卷的各条款项目的基本描述（Summary Item Statistics）如表6－15所示。

（1）组织忠诚问卷条款总平均得分为3.469，最小值为2.15，最大值为4.69，标准差是0.46448。

（2）职业忠诚问卷条款总平均得分为3.744，最小值为2.73，最大值为5.00，标准差是0.43770。

（3）主管忠诚问卷条款总平均得分为3.823，最小值为2.57，最大值为5.00，标准差是0.54603。

表 6-15 汇总项目统计

	数量	均值	标准差	标准误	95% 置信区间的均值		最小值	最大值
					下限	上限		
组织忠诚	246	3.4690	0.46448	0.03160	3.4068	3.5313	2.15	4.69
职业忠诚	246	3.7437	0.43770	0.02978	3.6851	3.8028	2.73	5.00
主管忠诚	246	3.8234	0.54603	0.03715	3.7502	3.8966	2.57	5.00
双向忠诚	246	3.6787	0.50745	0.01993	3.6399	3.7177	2.15	5.00

（4）双向忠诚问卷条款总平均得分为 3.6787，最小值为 2.15，最大值为 5.00，标准差是 0.50745。

2. 方差齐性检验（Test of Homogeneity of Variances）

从表 6-16 中可以得出样本存在显著性差异，df2 = 645，Sig. = 0.003 说明样本方差非齐性，就应该选择 Tamhane 方法进行两两比较。

表 6-16 方差齐性检验

Levene 统计	df1	df2	Sig.
5.719	2	645	0.003

3. 方差分析（ANOVA）

从表 6-17 可以看出，组间（Between Groups）平方和（Sum of Squares）等于 14.939，自由度等于 2，均方差等于（Mean Square）7.456；组内（Within Groups）平方和等于 151.678，自由度等于 645，均方差等于 0.245；样本总体平方和等于 166.609，总自由度等于 647，F 统计量等于 31.754，Sig = 0.000。组间均值有显著性差异，得出的结论是：组织忠诚、职业忠诚和主管忠诚存在显著差异。

表 6-17 方差分析

	方差	df	均值	F	Sig.
组间	14.939	2	7.456	31.754	0.000
组内	151.678	645	0.245		
总值	166.609	647			

4. 方差非齐性下的 TamhaneT2 两两 t 检验

从表 6 - 18 中可以得出：在民营企业中，知识型员工的组织忠诚明显低于职业忠诚和主管忠诚，而主管忠诚与职业忠诚没有显著差异。即假设成立。

表 6 - 18　TamhaneT2 两两 t 检验

I	分析方法	J	平均差（I-J）	标准误差	显著概率
组织忠诚	Tamhane	职业忠诚	-0.2745	0.0436	0.000
组织忠诚	Tamhane	主管忠诚	-0.35460	0.004878	0.000

5. 组织忠诚、职业忠诚、主管忠诚与双向忠诚的相关分析

从表 6 - 19 的相关分析可以得出，民营企业知识型员工的组织忠诚、职业忠诚、主管忠诚与双向忠诚之间都显著正相关。也就是说，员工的组织忠诚度、职业忠诚度、主管忠诚度越高，双向忠诚度就越高，而且员工的组织忠诚度、职业忠诚度、主管忠诚度任一因素越高，其他的忠诚度也就越高。

表 6 - 19　相关性

		组织忠诚	职业忠诚	主管忠诚	双向忠诚
组织忠诚	Pearson Correlation	1	0.434**	0.401**	0.834**
	Sig.（2-tailed）		0.000	0.000	0.000
	N	246	246	246	246
职业忠诚	Pearson Correlation	0.434**	1	0.448	0.788**
	Sig.（2-tailed）	0.000		0.000	0.000
	N	246	246	246	246
主管忠诚	Pearson Correlation	0.401**	0.434**	1	0.723**
	Sig.（2-tailed）	0.000	0.000		0.000
	N	246	246	246	246

续表

		组织忠诚	职业忠诚	主管忠诚	双向忠诚
双向忠诚	Pearson 相关检验	0.834**	0.788**	0.723**	1
	Sig.（双尾）	0.000	0.000	0.000	
	数量	246	246	246	246

注：双尾检验，**表示在0.01的水平下显著。

五、控制变量对民营企业知识型员工
双向忠诚度的影响

知识型员工双向忠诚除受心理契约因素的影响外，还会受到其他变量的影响。例如，人口统计特征因素就会对大多数变量产生较大影响。为了探究究竟哪些人口统计特征变量会对本书研究的主要变量产生影响，在分析员工忠诚因素对知识型员工与民营企业的双向忠诚影响前，先分析控制变量对知识型员工双向忠诚的影响。

本书中的控制变量包括性别、年龄、婚姻状况、文化程度、岗位、职位、月收入、职业年限、跳槽次数、工龄、职工人数、单位效益、是否股份制、是否持有股份、与主管个人关系等个体统计特征，都采用编码测量，属于分类型自变量。其中，因性别、婚姻状况、是否股份制和是否持有股份仅分为两类，就采用独立样本 T 检验（Independent - sample T test）来分析其对知识型员工双向忠诚的影响；年龄、文化程度、岗位、职位、月收入、职业年限、跳槽次数、工龄、职工人数、单位效益、与主管个人关系均有两个以上分类，采用单因素方差分析（One - way ANOVA）进行两两比较，检验其对知识型员工双向忠诚的影响。

（一）性别对知识型员工双向忠诚的影响

表 6 – 20 显示，性别对知识型员工的组织忠诚、职业忠诚、主管忠诚均没有显著影响。说明知识型员工不管是男性还是女性在对公司、职业以及主管等对象的认同和卷入的相对程度方面没有明显差异。

表 6 – 20 性别对知识型员工双向忠诚影响（独立样本 T 检验）

	方差齐性检验		均值差异 T 检验		
	F 值显著概率	是否齐性	均值差	T 值显著概率	差异是否显著
组织忠诚	0.718	是	0.17800	0.009	是
职业忠诚	0.853	是	0.18218	0.002	是
主管忠诚	0.911	是	0.26727	0.000	是

注：方差齐性检验和均值差异检验的显著性水平均为 0.05。下同。

（二）是否股份制对知识型员工双向忠诚的影响

表 6 – 21 显示，民营企业是否是股份制性质的企业对知识型员工的组织忠诚、职业忠诚、主管忠诚均没有显著影响。说明不管是股份制民营企业的知识型员工还是非股份制民营企业的知识型员工在对公司、职业以及主管等对象的认同和卷入的相对程度方面没有明显差异。

表 6 – 21 是否股份制对知识型员工双向忠诚影响（独立样本 T 检验）

	方差齐性检验		均值差异 T 检验		
	F 值显著概率	是否齐性	均值差	T 值显著概率	差异是否显著
组织忠诚	0.927	是	0.08631	0.231	否
职业忠诚	0.327	是	– 0.09571	0.126	否
主管忠诚	0.141	是	– 0.05629	0.472	否

（三）是否持有股份对知识型员工双向忠诚的影响

表 6 – 22 显示，是否持有企业的股份对知识型员工的职业忠诚、主管

忠诚均没有显著影响。但持有股份的知识型员工比不持有股份的知识型员工对公司的认同和卷入的相对程度方面有明显差异。

表6-22 是否持有股份对知识型员工双向忠诚影响（独立样本 T 检验）

	方差齐性检验		均值差异 T 检验		
	F 值显著概率	是否齐性	均值差	T 值显著概率	差异是否显著
组织忠诚	0.872	是	0.16676	0.019	是
职业忠诚	0.568	是	-0.02941	0.791	否
主管忠诚	0.165	是	-0.03637	0.794	否

（四）年龄对知识型员工双向忠诚的影响

表6-23的单因素方差分析结果表明，不同年龄的知识型员工对组织忠诚、主管忠诚没有显著影响，但在对职业忠诚的影响上存在显著差异，即年龄差异影响知识型员工对职业的认同与卷入的相对程度。

表6-23 年龄对知识型员工双向忠诚影响（单侧检验）

	方差齐性检验			均值差异 T 检验		
	F 值	显著概率	是否齐性	F 值	T 值显著概率	差异是否显著
组织忠诚	0.005	1.000	是	0.819	0.487	否
职业忠诚	1.355	0.257	是	2.592	0.046	是
主管忠诚	5.288	0.002	否	1.691	0.170	否

根据方差分析结果，利用 LSD（Least - SignificantDifference）t 检验法和方差非齐性下的 TamhaneT2 两两 t 检验法就年龄对知识型双向忠诚的影响做两两比较，结果如表6-24所示。由于两两比较的结果较多，表中仅将在95%的置信度下均值有显著差异。

表 6 - 24   年龄对知识型员工职业忠诚影响的两两比较结果

变量	分析方法	年龄（I）	年龄（J）	平均差（I－J）	标准误差	显著概率
职业忠诚	LSD	25 岁以下	36～45 岁	－0.25685	0.11773	0.0249

从表 6 - 24 可以看出，年龄介于 36～45 岁的知识型员工与年龄在 25 岁以下的知识型员工相比，对职业的认同和卷入程度相对较高，而与其他年龄段的知识型员工相比，他们对职业的认同与卷入程度方面没有显著差异，说明年龄介于 36～45 岁的知识型员工比 25 岁以下的知识型员工的职业忠诚得分相对较高。因为在 36～45 岁的知识型员工职业选择已经定型，在专业方面有丰富的经验，改变职业方向花费的成本相对较高，这也与在民营企业工作经历有关，到了 35 岁以上时，改变职业方向有可能不被企业所接受。而 25 岁以下的知识型员工在专业方面才真正开始进行选择，可能处于对自己所从事的职业再次审视和重新评价期，其对职业忠诚的分数相对较低，要改变职业发展方向是比较容易且成本较低的。

（五）文化程度对知识型员工双向忠诚的影响

表 6 - 25 的单因素方差分析结果表明，知识型员工的文化程度对组织忠诚、职业忠诚和主管忠诚没有显著影响。说明文化程度不同的知识型员工在对民营企业、职业和主管等对象的认同和卷入的相对程度方面没有明显差异。

表 6 - 25   文化程度对知识型员工双向忠诚影响（单侧检验）

	方差齐性检验			均值差异 T 检验		
	F 值	显著概率	是否齐性	F 值	T 值显著概率	差异是否显著
组织忠诚	0.212	0.889	是	2.203	0.089	否
职业忠诚	0.913	0.437	是	0.638	0.597	否
主管忠诚	1.445	0.232	是	1.086	0.356	否

（六）岗位对知识型员工双向忠诚的影响

表 6 - 26 的单因素方差分析结果表明，知识型员工的岗位对组织忠诚和主管忠诚没有显著影响。说明不同岗位的知识型员工在对民营企业和主管等对象的认同和卷入的相对程度方面没有明显差异。

表 6 - 26　岗位对知识型员工双向忠诚影响（单侧检验）

	方差齐性检验			均值差异 T 检验		
	F 值	显著概率	是否齐性	F 值	T 值显著概率	差异是否显著
组织忠诚	0.771	0.595	是	1.642	0.137	否
职业忠诚	2.350	0.032	否	2.315	0.036	是
主管忠诚	0.815	0.557	是	0.849	0.535	否

从表 6 - 27 可以看出，技术岗位的知识型员工与行政岗位的知识型员工相比，对职业的认同和卷入程度相对较高，而与其他岗位的知识型员工相比，他们对职业的认同与卷入程度方面没有显著差异。技术岗位的知识型员工职业忠诚得分相对较高，因为其在专业方面有了明确发展方向，改变职业方向花费的成本较高。

表 6 - 27　岗位对知识型员工职业忠诚影响的两两比较结果

变量	分析方法	岗位（I）	岗位（J）	平均差（I - J）	标准误差	显著概率
职业忠诚	Tamhane	技术岗位	行政岗位	0.25014	0.0727	0.016

（七）职位对知识型员工双向忠诚的影响

表 6 - 28 的单因素方差分析结果表明，知识型员工的职位对组织忠诚和主管忠诚没有显著影响。说明不同职位的知识型员工在对民营企业和主管等对象的认同和卷入的相对程度方面没有明显差异。

表 6 - 28　职位对知识型双向忠诚的影响（单侧检验）

	方差齐性检验			均值差异 T 检验		
	F 值	显著概率	是否齐性	F 值	T 值显著概率	差异是否显著
组织忠诚	1.686	0.171	是	2.358	0.073	否
职业忠诚	1.108	0.348	是	4.437	0.005	是
主管忠诚	0.312	0.819	是	0.860	0.463	否

　　从表 6 - 29 可以看出，中层管理者知识型员工与一般职员和高层管理者知识型员工相比，对职业的认同和卷入程度相对较高，而与基层管理者知识型员工相比，他们对职业的认同与卷入程度方面没有显著差异。中层管理者知识型员工职业忠诚得分相对较高，因为中层管理者知识型员工既从事专业方面工作，又从事一定的管理工作，而高层管理者知识型员工从事管理方面工作较多，一般职员对专业方面要求并不高，故他们的职业忠诚得分相对较低。

表 6 - 29　职位对知识型员工职业忠诚影响的两两比较结果

变量	分析方法	岗位（I）	岗位（J）	平均差（I - J）	标准误差	显著概率
职业忠诚	LSD	中层管理者	一般职员	0.26379	0.08758	0.003
职业忠诚	LSD	中层管理者	高层管理者	0.27834	0.08702	0.002

（八）月收入对知识型员工双向忠诚的影响

　　表 6 - 30 的单因素方差分析结果表明，知识型员工的月收入对组织忠诚和主管忠诚没有显著影响。说明不同月收入的知识型员工在对民营企业和主管等对象的认同和卷入的相对程度方面没有明显差异。

　　从表 6 - 31 可以看出，月收入在 1 万元以上的知识型员工与其他收入的知识型员工相比，对职业的认同和卷入程度相对较高，而月收入低于 1 万元的知识型员工，他们对职业的认同与卷入程度方面没有显著差异，月

表 6 - 30　月收入对知识型员工双向忠诚影响（单侧检验）

	方差齐性检验			均值差异 T 检验		
	F 值	显著概率	是否齐性	F 值	T 值显著概率	差异是否显著
组织忠诚	1.987	0.116	是	1.541	0.205	否
职业忠诚	1.060	0.367	是	5.228	0.002	是
主管忠诚	0.787	0.502	是	1.263	0.289	否

表 6 - 31　月收入对知识型员工职业忠诚影响的两两比较结果

变量	分析方法	月收入（I）	月收入（J）	平均差（I - J）	标准误差	显著概率
职业忠诚	LSD	1 万元以上	3000 元以内	0.42051	0.10972	0.000
职业忠诚	LSD	1 万元以上	3000 ~ 5999 元	0.31495	0.11198	0.005
职业忠诚	LSD	1 万元以上	6000 ~ 9999 元	0.27281	0.12552	0.031

收入在 1 万元以上的知识型员工职业忠诚得分相对较高，因为月收入 1 万元对于大家来说，可以过较好的生活，这个职业还是值得忠诚的。对于月收入低于 1 万元的职业，只是过渡性的，故他们的职业忠诚得分相对较低。

（九）职业年限对知识型员工双向忠诚的影响

表 6 - 32 的单因素方差分析结果表明，知识型员工的职业年限对组织忠诚和主管忠诚没有显著影响。说明不同职业年限的知识型员工在对民营企业和主管等对象的认同和卷入的相对程度方面没有明显差异。

表 6 - 32　职业年限对知识型员工双向忠诚影响（单侧检验）

	方差齐性检验			均值差异 T 检验		
	F 值	显著概率	是否齐性	F 值	T 值显著概率	差异是否显著
组织忠诚	1.609	0.188	是	0.767	0.525	否
职业忠诚	0.532	0.678	是	5.843	0.001	是
主管忠诚	1.869	0.136	是	0.485	0.765	否

从表6－33可以看出，职业年限在10年及以上的知识型员工与其他职业年限的知识型员工相比，对职业的认同和卷入程度相对较高，职业年限在6～9年的知识型员工比职业年限在4～5年的知识型员工对职业的认同和卷入程度相对较高，而职业年限在1～3年和在4～5年的知识型员工对职业的认同与卷入程度方面没有显著差异。一般来说，职业时间越长，转换职业的成本越高，越容易对所从事的职业产生认同感。

表6－33　职业年限对知识型员工职业忠诚影响的两两比较结果

变量	分析方法	职业年限（I）	职业年限（J）	平均差（I－J）	标准误差	显著概率
职业忠诚	LSD	10年及以上	1～3年	0.30649	0.09015	0.001
职业忠诚	LSD	10年及以上	4～5年	0.36687	0.09399	0.000
职业忠诚	LSD	10年及以上	6～9年	0.19473	0.09724	0.043
职业忠诚	LSD	6～9年	4～5年	0.17374	0.08188	0.036

（十）跳槽次数对知识型员工双向忠诚的影响

表6－34的单因素方差分析结果表明，知识型员工的跳槽次数对组织忠诚、职业忠诚和主管忠诚没有显著影响。说明不同跳槽次数的知识型员工在对民营企业、职业和主管等对象的认同和卷入的相对程度方面没有明显差异。

表6－34　跳槽次数对知识型员工双向忠诚影响（单侧检验）

	方差齐性检验			均值差异 T 检验		
	F 值	显著概率	是否齐性	F 值	T 值显著概率	差异是否显著
组织忠诚	0.566*	0.569	是	0.276	0.895	否
职业忠诚	0.025*	0.978	是	1.277	0.305	否
主管忠诚	3.323*	0.038	否	0.426	0.739	否

注：＊表示在计算F值和显著概率时忽略了跳槽10家以上的人员，因为在246个有效问卷中只有1位被调查者跳槽10家以上。

（十一）工龄对知识型员工双向忠诚的影响

表6-35的单因素方差分析结果表明，知识型员工的工龄对组织忠诚、职业忠诚和主管忠诚没有显著影响。说明不同工龄的知识型员工在对民营企业、职业和主管等对象的认同和卷入的相对程度方面没有明显差异。

表6-35　工龄对知识型员工双向忠诚影响（单侧检验）

	方差齐性检验			均值差异 T 检验		
	F 值	显著概率	是否齐性	F 值	T 值显著概率	差异是否显著
组织忠诚	0.421	0.736	是	1.599	0.171	否
职业忠诚	0.072	0.978	是	0.305	0.832	否
主管忠诚	2.474	0.062	是	0.209	0.890	否

（十二）职工人数对知识型员工双向忠诚的影响

表6-36的单因素方差分析结果表明，知识型员工的职工人数对组织忠诚、职业忠诚和主管忠诚没有显著影响。说明不同职工人数企业的知识型员工在对民营企业、职业和主管等对象的认同和卷入的相对程度方面没有明显差异。

表6-36　职工人数对知识型员工双向忠诚影响（单侧检验）

	方差齐性检验			均值差异 T 检验		
	F 值	显著概率	是否齐性	F 值	T 值显著概率	差异是否显著
组织忠诚	0.973	0.406	是	0.240	0.867	否
职业忠诚	2.626	0.053	是	1.244	0.298	否
主管忠诚	1.559	0.200	是	1.478	0.239	否

（十三）单位效益对知识型员工双向忠诚的影响

表6-37的单因素方差分析结果表明，不同单位效益的知识型员工对

职业忠诚和主管忠诚没有显著影响。说明不同单位效益的知识型员工在对职业和主管等对象的认同和卷入的相对程度方面没有明显差异。

表6-37 单位效益对知识型员工双向忠诚影响（单侧检验）

	方差齐性检验			均值差异T检验		
	F值	显著概率	是否齐性	F值	T值显著概率	差异是否显著
组织忠诚	1.295	0.273	是	3.157	0.018	是
职业忠诚	0.378	0.828	是	1.465	0.214	否
主管忠诚	2.194	0.074	是	1.349	0.257	否

从表6-38可以看出，单位效益很好和较好的知识型员工与单位效益一般和较差的知识型员工相比，对组织的认同和卷入程度相对较高。单位效益好的知识型员工对企业更能产生认同感，这也比较符合人们的日常生活经验。

表6-38 单位效益对知识型员工组织忠诚影响的两两比较结果

变量	分析方法	单位效益（I）	单位效益（J）	平均差（I-J）	标准误差	显著概率
职业忠诚	LSD	很好	一般	0.26857	0.10500	0.012
职业忠诚	LSD	很好	较差	0.45077	0.17041	0.009
职业忠诚	LSD	较好	一般	0.15340	0.06701	0.028
职业忠诚	LSD	较好	较差	0.33460	0.01504	0.027

（十四）与主管个人关系对知识型员工双向忠诚的影响

表6-39的单因素方差分析结果表明，与主管不同关系对知识型员工职业忠诚和主管忠诚没有显著影响。说明与主管个人关系不同的知识型员工在对职业和主管等对象的认同和卷入的相对程度方面没有明显差异。

表 6 – 39　与主管个人关系对知识型员工双向忠诚影响（单侧检验）

	方差齐性检验			均值差异 T 检验		
	F 值	显著概率	是否齐性	F 值	T 值显著概率	差异是否显著
组织忠诚	2.135	0.078	是	2.807	0.027	是
职业忠诚	0.856	0.485	是	1.856	0.120	否
主管忠诚	0.254	0.094	是	1.675	0.147	否

从表 6 – 40 可以看出，与民营企业主管有血缘关系和姻亲关系的知识型员工与两者都没有关系的知识型员工相比，对组织的认同和卷入程度相对较高。这符合人们的日常生活经验。

表 6 – 40　与主管个人关系对知识型员工组织忠诚影响的两两比较结果

变量	分析方法	企业效益（I）	企业效益（J）	平均差（I – J）	标准误差	显著概率
职业忠诚	LSD	血缘关系	没有关系	0.64363 *	0.31597	0.027
职业忠诚	LSD	姻亲关系	没有关系	0.50834 *	0.17974	0.004

注：＊表示在 0.05 水平下存在显著差异。

六、加入中介作用的结构方程检验

运用结构方程建模，观察双向忠诚对领导效能的影响，以检验 LMX 在其中的中介作用。温忠麟等（2006）指出："中介模型的确定，一方面需要依据理论基础，另一方面要依据结构模型的拟合程度和模型的简洁性。"本书通过两个嵌套模型，完全中介模型（双向忠诚完全通过 LMX 来影响领导效能）和部分中介模型（双向忠诚对领导效能的四个效标既有直接影响，通过 LMX 又有间接影响）进行比较，再选择一个数据拟合优佳并相对简洁的最终模型。两个模型的各项拟合指数如表 6 – 41 所示。

表6-41 完全中介和部分中介模型比较结果（N=246）

模型	$\Delta\chi^2$	df	$\Delta\chi^2$	Δdf	CFI	NNFI	RMSEA	AIC
部分中介模型	245.66	101	—	—	0.93	0.91	0.07	355.66
完全中介模型	268.06	102	33	1	0.88	0.83	0.08	376.74

从表6-41可以看出，部分中介模型的各项拟合指数为χ^2（101）=245.66、CFI=0.93、NNFI=0.91、RMSEA=0.07、AIC=355.66；完全中介模型的各项拟合指数为χ^2（102）=268.06、CFI=0.88、NNFI=0.83、RMSEA=0.08、AIC=376.74。从两个模型的拟合指数来看，部分中介模型的拟合指数相对优于完全中介模型。部分中介模型的参数估计和路径如表6-42与图6-7和图6-8所示。

表6-42 部分中介模型的参数估计（N=246）

路径	非标准化		标准化路径系数	t值
	路径系数	标准误		
双向忠诚—LMX	0.24	0.04	0.72	6.38
LMX—领导效能	1.58	0.34	0.44	4.65
双向忠诚—领导效能	0.65	0.14	0.53	4.67

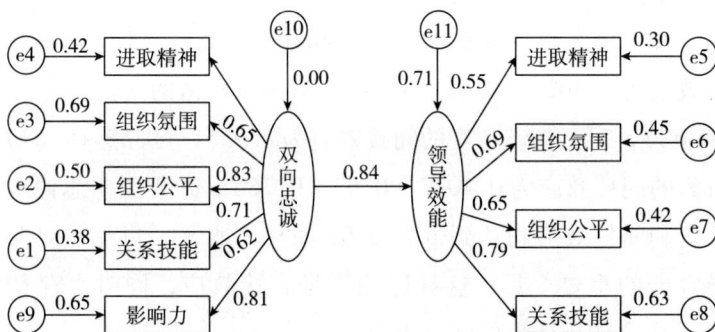

图6-7 双向忠诚模型路径

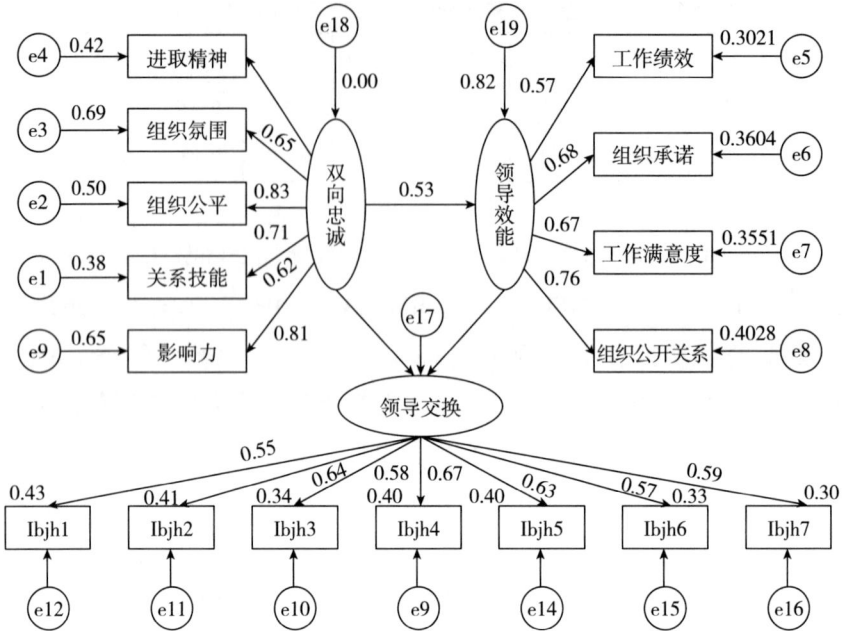

图6-8 加入中介变量的双向忠诚模型路径

从表6-42和图6-7、图6-8不难看出，双向忠诚对领导效能的直接效应为0.84。加入LMX后，其直接效应降为0.53，说明LMX在双向忠诚与领导效能之间不是完全中介关系。其中介效应为0.72×0.44 = 0.3168，中介效应占总效应的0.37，属部分中介关系。双向忠诚对工作绩效的间接效应为0.3021（0.53×0.57），对组织承诺的间接效应为0.3604（0.53×0.68），对工作满意度的间接效应为0.3551（0.53×0.67），对组织公民行为的间接效应为0.4028（0.53×0.76）。并且双向忠诚对各变量的直接效应和间接效应均达到 p < 0.01 的显著水平。可见，双向忠诚是影响领导效能的重要变量，这种影响既是直接效应，同时也存在着通过LMX的部分中介作用体现的间接效应。

七、对本章实证分析的讨论和研究的局限性

（一）对本章实证分析的讨论

通过探索性因子与验证性因子分析，我们可以得到以下重要的结论。

第一，员工与企业双向忠诚有九个因子，经过因子载荷矩阵最终得到三个，即组织忠诚、职业忠诚和主管忠诚。组织忠诚、职业忠诚和主管忠诚存在显著差异。

第二，在民营企业中，知识型员工的组织忠诚明显低于职业忠诚和主管忠诚，而主管忠诚与职业忠诚没有显著差异。民营企业知识型员工的组织忠诚、职业忠诚、主管忠诚与双向忠诚之间都呈显著正相关。也就是说，员工的组织忠诚度、职业忠诚度、主管忠诚度越高，双向忠诚度就越高，而且员工的组织忠诚度、职业忠诚度、主管忠诚度任一因素越高，其他的忠诚度也就越高。

第三，在控制变量对双向忠诚度的影响分析中，性别对知识型员工的组织忠诚、职业忠诚、主管忠诚均没有显著影响，说明知识型员工不管是男性还是女性在对公司、职业以及主管等对象的认同和卷入的相对程度方面没有明显差异。民营企业是否是股份制性质的企业对知识型员工的组织忠诚、职业忠诚、主管忠诚均没有显著影响，说明不管是股份制民营企业的知识型员工还是非股份制民营企业的知识型员工在对公司、职业以及主管等对象的认同和卷入的相对程度方面没有明显差异。是否持有企业的股份对知识型员工的职业忠诚、主管忠诚均没有显著影响，但持有股份的知识型员工比不持有股份的知识型员工对公司的认同和卷入的相对程度方面有明显差异。年龄介于 36～45 岁的知识型员工与年龄在 25 岁以下的知识

型员工相比，对职业的认同和卷入程度相对较高，而与其他年龄段的知识型员工相比，他们对职业的认同与卷入程度方面没有显著差异。知识型员工的文化程度对组织忠诚、职业忠诚和主管忠诚没有显著影响，说明不同文化程度的知识型员工在对民营企业、职业和主管等对象的认同和卷入的相对程度方面没有明显差异。技术岗位的知识型员工与行政岗位的知识型员工相比，对职业的认同和卷入程度相对较高，而与其他岗位的知识型员工相比，他们对职业的认同与卷入程度方面没有显著差异。中层管理者知识型员工与一般职员和高层管理者知识型员工相比，对职业的认同和卷入程度相对较高，而与基层管理者知识型员工相比，他们对职业的认同与卷入程度方面没有显著差异。月收入在1万元以上的知识型员工与其他收入的知识型员工相比，对职业的认同和卷入程度相对较高，而月收入低于1万元的知识型员工，他们对职业的认同与卷入程度方面没有显著差异。职业年限在10年及以上的知识型员工与其他职业年限的知识型员工相比，对职业的认同和卷入程度相对较高，职业年限在6~9年的知识型员工比职业年限在4~5年的知识型员工对职业的认同和卷入程度相对较高。单位效益很好和较好的知识型员工与单位效益一般和较差的知识型员工相比，对组织的认同和卷入程度相对较高。与民营企业主管有血缘关系和姻亲关系的知识型员工与两者都没有关系的知识型员工相比，对组织的认同和卷入程度相对较高。

此外，不同跳槽次数、不同工龄、职工人数的知识型员工，在对民营企业、职业和主管等对象的认同和卷入的相对程度方面没有明显差异。

（二）本章研究的局限性

第一，研究发现，知识型员工在年龄、文化程度、工龄、岗位方面的差异导致其在双向忠诚不同方面的差异，这一结果有利于民营企业管理者因人制宜地选择、确立不同双向忠诚度提升的个性化方案与策略。

第二，研究源于民营企业横截面的数据，得到的结论本质只反映了自变量与因变量的相关关系，其因果关系还须从纵向加以研究检验。未来的相关研究，应该从横截和纵向两个截面收集数据，才能更准确地揭示自变量与因变量的因果关系。

第三，虽然本书在多行业的民营企业中广泛收集样本数据，但还是一个便利样本，以自陈为主的评价方式，不可避免地存在同源误差问题。未来的相关研究，特别是专题研究要采用多种评价方式来收集数据，以提高研究结果的广泛适用性。

第四，样本的采集面较窄。由于时间、资金和人缘资源等条件的限制，本书只在安徽、江西两省境内的民营企业中普遍取样，没有在全国不同地区广泛采集数据。不同地区有着不同的地方文化，对双向忠诚的认知会产生不同的影响，本书的采样中没有纳入这种影响差异，就会在一定程度上影响最终的分析结果。未来的研究一定要扩大样本的采集面，考虑不同地方文化对双向忠诚认知的影响差异因素，以提高样本的广泛性和突出地方文化的代表性。

第五，研究方法上也存在着不足，主要采用问卷调查法，这种方式收集的数据在一定程度上会受被试者的认知水平和情绪偏差的影响。未来的研究应采用更多更有效的方法进行综合性研究分析。如质量高低分组对比法、忠诚个案解剖的批判分析法以及跟踪考察法等，使双向忠诚的作用机理能够更加客观真实地反映组织中忠诚实践的本来面貌。

第七章
提升双向忠诚度的措施

双向忠诚的内涵随时代的变化而变化，所以提升双向忠诚度的方法与措施也应该与时俱进，具有时代特色，特别是在瞬息万变的信息化时代的今天，提升双向忠诚度应该打上时代的烙印。本章运用最前沿的管理理论对提升双向忠诚度的各种可行性进行分析，找出具有可操作性的提升双向忠诚度的具体方法与措施。

要构建提升双向忠诚度的有效激励与约束机制，就需要在对民营企业的环境和知识型员工的需要进行详细分析的基础上，企业要合理配置各种资源，立体与全方位地引导、激发、规范和修正员工行为，以达到组织预期的提升双向忠诚度目标。由于知识型员工不同于传统意义上的一般员工，其群体需要具有独特性，所以，需要采取有针对性的措施，建立有效的激励与约束机制。

一、提升知识型员工对民营企业忠诚度的措施

（一）知识型员工自身能力素养的提高

随着社会科学技术的进步与知识的更新换代，企业对员工素质的要求

在不断变化，员工的能力能否与企业的要求相匹配是影响双向忠诚的重要原因。员工要有不断提高自己知识和技能的意识，从知识型员工角度来看也要有被企业淘汰解聘的危机感与紧迫感，应自我加压。只有通过自身不断努力学习进步，保证自己的知识技能能够与时俱进，才能保证自己的岗位履约能力，自己的岗位履约能力的不断提高才是员工对企业的基本义务。

（二）知识型员工职业道德的提高与忠诚教育的加强

知识型员工责任心的强弱和是否遵守职业道德直接影响员工的工作热情和积极性，知识型员工能否遵守职业道德、爱岗敬业关乎企业的切身利益，员工职业道德的高低和职业操守的好坏都会影响员工的忠诚程度。知识型员工一般智商与情商都相对较高，工作绩效难以直接检测，职业违法与职业犯罪潜伏期相对较长，难以及时发现。随着我国经济的飞速发展，实力雄厚的民营企业层出不穷，员工所面临的外界吸引和诱惑也在不断地增大，对员工的忠诚度提出了新的考验，因此企业除要对员工进行工作能力和素质的培训外，还要加强对员工忠诚的教育。员工自身也要提高对民营企业的忠诚意识，增强自律与抵制外界诱惑的能力。

（三）知识型员工应合理规划自身职业生涯发展

对每个知识型员工来说，职业生涯的发展都是关系自身利益的大事，知识型员工可以通过职业生涯的规划明确自己职业生涯发展的方向和目标。只有自己看到目标和希望并将其视觉化，才会斗志昂扬地开展每一项具体的工作。只要有了视觉化的目标，即使是面对枯燥的日常工作也会有很高的积极性、主动性和创造性，才会一步一个脚印地迈着坚定的步伐向着理想不断前行。当然企业作为知识型员工职业发展的平台，应该对知识型员工的职业发展负责，在不同阶段及时指导员工规划职业生涯，并不断给予员工相应的帮助，让员工随着企业的发展调整自己的职业生涯规划并及时调整自己价值观，使其与企业价值观保持协调一致。

二、提升企业对知识型员工忠诚度的
激励与约束措施

如何提升企业对知识型员工忠诚度是本书研究的重点，我们在盟约理论的前提下提出了提升企业对知识型员工忠诚度的三个重要措施，分别是股权激励、幸福激励与时间激励，除股权激励外，幸福激励与时间激励也可以说是提升企业对知识型员工忠诚度的全新举措。

（一）民营企业环境与知识型员工需求分析

1. 民营企业外部环境分析

从宏观政策层面上看，随着我国经济改革的不断深化，政府对市场资源配置功能的干预越来越小，简政放权的力度越来越大。2013 年 11 月 12 日，党的十八届三中全会通过《中共中央关于全面深化改革若干重大问题的决定》，在简化手续、规范收费、资金扶植、税收优惠等方面为民营企业的发展提供了更加优良的外部环境，其中最为引人注目的是：非公有资本、国有资本和集体资本可以交叉持股、相互融合，未来将允许混合所有制经济实行企业员工持股，形成资本所有者和劳动者利益共同体，为民资持股创造利好条件。这些优惠政策也激发了人们的创业激情，但是这样的外部环境在给中小民营企业带来机遇的同时也带来了竞争加剧的风险。民资持股有利于民营企业员工忠诚度的提高，对民营企业激励与约束机制构建是强有力的政策支持。

从中观政策层面上看，民营企业具有进入门槛较低、易受到外部劳动力市场的冲击的特点，虽然民营企业与劳动力市场之间有效的流动机制相对健全，但劳动力市场还缺乏有效的个人档案声誉机制约束，没有建立起个人长期的客观的信誉度档案，在一定程度上，影响了市场对资源的配置效率。从员工角度来看，真正发现与进入自己满意的企业不容易，由于缺乏社会公证机构的客观评估与鉴定，需要员工花费较长时间来分析与甄别。

从微观企业层面上看，绝大多数民营企业已经意识到知识型员工的重要作用，但由于民营企业自身弱小与掌控资源有限的特点，使得人事制度僵化，尤其是员工的薪酬、晋升、培训、奖惩等方面缺乏公平的环境，少数民营企业在传统的激励机制设计与实施中没能深刻认识到知识型员工的内心深层次的需要和动机，也有企业仍是"一言堂"与"家长制"作风，激励方式和手段较为单一守旧；企业内部文化建设流于形式，跟不上时代的发展潮流，使得员工缺乏工作的动力和持续的激情，严重影响了员工对企业的忠诚，进而降低了员工的工作绩效。所以构建提升双向忠诚度的激励与约束机制对于民营企业的可持续性发展具有重要的意义。

2. 民营企业内部环境资源分析

为了使激励与约束机制在提升员工的忠诚度过程中发挥应有的作用，民营企业必须对既有资源进行重新整合，并针对知识型员工特点进行合理配置。民营企业资源可分为长期性战略性资源和短期性策略性资源。根据知识型员工的期望和需求特点，在充分发挥原有资源的基础上，我们重新整合并进行合理配置。如表7－1所示。

表7－1　民营企业激励与约束资源的分类

资源的类型			资源的具体表现	相应的激励、约束类型	相应的需要
战略性资源	激励资源		企业文化、组织公平、组织信任、组织支持等	精神激励	精神需要
	约束资源		员工内在的道德、价值观等	精神约束	
策略性资源	激励资源	非物质激励	权力、工作性质、工作内容、职业晋升机会、在职培训、进修等	职业激励	职业发展需要
		物质激励	薪酬、福利和具体工作环境，如设施、办公用品等	物质激励	物质需要

续表

资源的类型			资源的具体表现	相应的激励、约束类型	相应的需要
策略性资源	约束资源	非物质约束	规章制度、职业资格认定、岗位末位淘汰、职责描述、绩效考评、人才合理流动机制等	职业约束	职业发展需要
		物质约束	罚款、扣奖金、没收非法所得等	物质约束	物质需要

3. 知识型员工需求分析

国内外对知识型员工需求研究文献较多，如 Tampoe（1990）经实证研究发现，知识型员工最重视的需求因素及比重依次为：个体成长（34%）、工作自主（31%）、业务成就（约占 28%）、金钱财富（约占 7%）。郑超和黄枚立（2001）用 Tampoe 提出的知识型员工需求模型进行调查，研究得出我国知识型员工各项需求因素的重要程度为：金钱财富（48.12%）、个体发展（23.71%）、业务成就（22.3%）、工作自主（5.87%）。由数据与排序不难发现，我国国内的境况与国外有所不同，研究得出的结论存在明显差异。张望军和彭剑锋（2001）运用实证研究，得出我国知识型员工的主要需求因素排序，排名前五位的分别是工资报酬与奖励（31.88%）、个人成长与发展（23.91%）、公司的前途（10.14%）、有挑战性的工作（7.98%）、工作的保障性和稳定性（6.52%），这与郑超和黄枚立的研究结果较为相似。刘新（2012）对北京的国有企业和民营企业的知识型员工进行调查研究，得出的结论略有不同，需求因素按重要性排序为当前工作对未来职业生涯的发展作用、薪酬与福利、员工的自我价值实现、企业对员工的公平与公正、开放的企业文化。

不同于传统意义上的一般专门从事体力劳动的员工，现代知识型员工受教育程度普遍较高，又由于信息化时代知识更新较快，知识型员工从事的主要是具有知识性、自主性、创造性的劳动，个别领域如信息软件产业甚至是无法替代的开拓性工作，相对应地，工作的性质造就了知识型员工具有很强的成就动机，尤其重视自身价值的实现。相比一般员工而言，知识型员工的需求呈个性化、复杂化和多元化倾向，更为重要的是：知识型员工一般都具有不受外界干扰独立的思想与独立的人格，追求自由与平等的意愿强烈，对权势比较蔑视，不会随大流而人云亦云。这是提升员工忠诚度的激励与约束机制构建过程中必须充分考虑的。另外，任何事物都是共性与个性的统一，知识型员工的需求呈个性化、复杂化和多元化的特点并不排斥其共性因素，我们将其归纳为物质的需求、职业成长与发展的需求和精神的需求三大类。

（1）物质的需求。根据 Maslow（1954）需要层次理论和 Alderfer（1972）的 ERG 理论，只有人们较低层次的物质需要得到满足后，才向更高层次需要去努力追求，所以物质激励是基础性的较低层次的需要，但这种较低层次的需要又是非常重要的一环，有时甚至是一种身份和地位的象征。知识型员工在获取专业知识的过程中投入了更多的时间、精力和资金，这些成本的付出要求他们的物质回报相对较高。所以说知识型员工有维持基本生活的基础上追求高品质生活的需要，也只有在满足自己及家人衣食无忧的前提下，知识型员工才可能全身心地投入到他所热爱的工作中去。此外，从员工自我价值实现角度来说，相对较高的工资薪金、股票期权、医疗保障、定期的带薪休假等形式的薪酬福利待遇，更是知识型员工衡量自我价值的标准。还有舒适的外部工作环境也很重要，这种愉快的工作环境表现在良好的空间环境方面，如优良的办公设备等。

（2）职业成长与发展的需求。在现实生活中，我们经常看到这样的实例：有些企业即使员工工作报酬不高，但如果企业能够提供员工自我发展的空间较大，知识型员工也愿意留下来，为自己的职业发展而忠诚于企业并努力工作。人类是喜欢群居的动物，知识型员工也不例外。为了保持其能力和价值，他们需要不断地加强学习，更新自己的知识并与他人互相交流信息，共享知识。知识型员工关注企业效益，较好的企业效益和发展前景才能为知识型员工提供良好的环境，以满足其知识更新、职业发展的需要。这是一个良性互动的过程，也是双向忠诚的良性循环，只有企业的效益好了，员工才有继续学习知识的实力，反过来，员工通过学习素质提高了，又用忠诚来回报企业。与一般员工相比，知识型员工更重视职业发展的需要，也就是知识型员工的职业忠诚，职业忠诚是知识型员工对企业忠诚的工具和手段，所以说良好的职业发展也会为员工带来更好的物质和精神方面的双重回报。

（3）精神的需求。这是人类生活特有的高层次需要，对知识型员工来讲，这种高层次需要不可缺少。具体分为四种：一是工作成就的需要，知识型员工的满意度来自工作本身，包括具有相对高难度与挑战性的工作和出色地完成这些工作。这个需要可以通过实现攻克技术难题、得到同行肯定、拥有声誉并成就事业等方式表现出来。二是公平、公正的需要，主要表现为对外部公正和内部公正。要求社会评价系统客观合理地承认其知识的价值，希望自己的智力成果得到正确评价和合理酬劳。三是被认可、被尊重、被理解与信任的需要，知识型员工由于接受了良好的教育，普遍具有强烈的社会责任感，掌握了丰富的知识和专业技能，期望更多地被组织、领导和同事支持、认可、尊重、理解与信任等，知识型员工期待自己的工作对社会有所贡献，从而实现个人成就与奉献社会两者的统一。良好的企业文化有助于员工产生对企业组织的归属感和依赖感，企业与员工之间盟约关系有利于两者之间的长期心理契约的建立，形成员工对企业组织的稳定的忠诚。四是适当权力的需要，包括自主工作与自由时间的需要。知识型员工能够在企业既定的战略方向框架指导下，按照自己的工作方式完成任务，他们要求企业给予一定自主权，要求企业给予自己自由支配的时间，如不用同其他员工一样天天坐班，在网络发达的环境下以自己认为最有效的方式进行并完成工作。

（二）提升企业对知识型员工忠诚度的措施

1. 激励机制构建的原则

提升企业对知识型员工忠诚度的激励机制构建的原则主要体现在：一是按需激励原则。员工的需求因人而异，因时而异。只有满足员工最主要的动机与当前最迫切的需要，其效用才是最大的。二是多重激励方式相结合原则。包括物质激励与精神激励相结合，正激励与负激励相结合，外在激励与内在激励相结合。三是民主公平公正的原则，激励的目标要明确清晰，激励程序要公开，激励结果要公正。四是与时俱进的原则，由于我们所处的环境是开放与不断发展的，所以针对知识型员工制定的激励机制也不能一成不变，要主动作为、不断创新、不断改善，让激励方式带上时代色彩，这样才能有效激发知识型员工的工作热情和潜在的能量。

2. 提升企业对知识型员工忠诚度激励机制构建

提升企业对知识型员工忠诚度的激励机制除心本管理下的幸福激励外，还有下面几种方式。

（1）提升企业对知识型员工忠诚度的首选机制——盟约理论下的股权激励。可以毫不夸张地说，股权激励是当前提升企业对知识型员工忠诚度的最强有力的机制，也是提升双向忠诚度的最强有力的机制。有些小型民营企业公司会说，公司没上市怎么用股权激励？公司没有实行股份改造怎么办？我们可以从华为公司虚拟股份制激励与方太公司全员身股制激励获得启发。

华为公司非常重视保障研发人员待遇，鼓励他们安于科研。只要技术水平高，研发人员同样具有很好的发展前景。华为公司制定了内部"院士"制度，技术领军人才可授予"Fellow"称号，等同于高级副总裁待遇，已经有20多人获得了该称号。华为公司一直试图让员工和创造力在内部流动起来，避免大公司和成功公司经常遭遇的员工惰性，以应对所谓的瓶颈现象和高原现象的发生。华为公司的内部虚拟受限股就是一种对分红激励制度和融资体系的大胆尝试。拥有虚拟股的员工可以获得一定比例的分红，以及虚拟股对应的公司净资产增值部分。所谓"受限制"，就是指员工虽然享有分红权，但没有所有权、表决权，也不能转让和出售；在员工离开公司时，股票只能由华为控股工会回购，回购后，原来的全部权利归为零。截至2012年底，华为员工中持股人数高达7.4万人。这种结构是华为公司公开上市发行的一个障碍，但是从另一个方面讲，它又有力地凝聚了人心，激发了员工的集体斗志。2012年，华为公司每股分红1.41元，除此以外，公司还拿出 125 亿元给全体员工作为年终奖励。华为公司不上市的另外一个深层次原因是不希望外部股东持续业绩高压使得公司采取短期行为，损害公司发展战略而影响现有员工的未来收益。当摩托罗拉、爱立信等竞争对手以年度财务、季度财务的时间节点来规划公司时，华为公司却是"以每 10 年为单位规划公司整体的未来"。华为公司虽然没有上市，但是却把 98.6% 的股权开放给了员工，创始人任正非只拥有公司 1.4% 的股权。内部虚拟受限股除不能表决、出售拥有股票外，股东可以享受分红与股票增值的利润。并且，公司每年所赚取的净利几乎是百分之百分配给了股东。

宁波方太厨具有限公司创立于 1996 年，专业生产以方太牌集成厨房、家用灶具、吸油烟机、消毒碗柜等为主导的厨房系列产品，已成为中国厨房领域最成功的生产厂家之一。作为一家非上市的公司，要想使全员享受企业的利润分配，方太公司只能探讨和上市公司不一样的独特激励方式。在学习中国传统文化的过程中，公司领导人茅忠群发现了晋商的身股制。"身股"的说法最早源于晋商。晋商有种说法"出资者为银股，出力者为身股"，也就是把股份分成两大类，一类是银股，即需要出资金来购买的股份；还有一类就是"身股"，不用出资，由企业所有者根据工龄、贡献、职务、工作状态等给予骨干员工的股份，骨干员工凭股份参与分红。身股制相当于现代企业的"干股"制度。一旦员工离开企业，身股也就不再存在。他认为，这套机制曾经施行了上百年，一定有其自身存在的合理性。反复思考之后，他认定这种办法甚至比上市公司的激励方式还有优势：上市公司的激励较为短期，高管套现的行为屡见不鲜，而且对股权还有一定的稀释，容易伤害公司的经营自主权；但身股制每年分红，中长期激励效果很好，员工离开公司，身股也就没有了，可以真正留住优秀人才，也没有稀释股权的隐患。权衡之下，茅忠群尝试在方太内部推行全员身股制。这种股份制激励是在晋商的基础上进行改进而来的，具有两大特点：第一，全员覆盖。不仅包括总部员工、各个分公司员工，还包括维修人员、卖场推销员、清洁工等。第二，强调差别化激励。不提倡大锅饭，激励制度在设计上释放了组织能量，组织的发展也使激励水平更优越，这是一对良性的互生关系。每年的分红比例刚开始也只有总股份的5％，近年则逐渐增加到了10％甚至更多，更加偏向于中高层和分公司的核心团队。

从以上两则案例可以发现，盟约理论下的股权激励就是建立起全方位的物质激励机制。在考虑知识型员工薪酬组成时，既要考虑传统的"薪资＋绩效"的薪酬模式，也要考虑让员工对企业拥有更多的"主人翁"意识，特别是让员工享有企业剩余收益的分配权，让企业与员工真正成为命运共同体，同呼吸共患难，将公司的发展与员工个人价值紧密结合在一起，这样双向忠诚度自然会有所提高。

（2）提升企业对知识型员工忠诚度的保障机制——有竞争力的薪酬激励。何谓有竞争力？双因素理论告诉我们：对于政府企业统一规定的一般正常的工资薪金收入、福利和服务仅仅属于保健因素，激励效果不大。有竞争力的薪酬激励首先是指要高于平均水平的工资薪金，否则就根本谈不上竞争力，当然也不是无所限制的；其次有竞争力的薪酬激励关键在于它是否符合企业的实际和员工发展的需要，这种需要包括物质报酬和非物质报酬，有竞争力的薪酬激励甚至在一定程度上还可以满足员工实现自我价值的精神需要，所以针对性匹配与匹配有效性才是最重要的。例如，对于在业务上长期需要对外联络沟通的员工，给予通信补助；对于居住在农村偏远的员工给予交通补助；对于刚入职的新员工给予内部简易住房补助；等等。通过这样的手段既满足了员工的物质利益需求也提升了员工对企业的信赖与忠诚。有竞争力的薪酬激励还包括对企业剩余收益享有的一定分配权，现阶段员工持股成为新的薪酬激励方式，与资金持股相区别，"全员身股制"（指全体员工凭自己的劳动来参股）在越来越多的企业中实行。本章前文提到的股权激励也是一种有竞争力的薪酬激励，不但让员工享受当期的即时收益，还让员工享受工薪外的企业剩余收益，这不但是一种物质激励，也是对员工身份地位充分肯定的精神激励。

对员工物质激励的另一个主要方面是加强员工知识产权的保护。知识产权保护在对知识型员工的激励中相较其他激励方式显得尤其重要。由于知识型员工工作的复杂性与独特性，在其工作过程中很可能产生一些专利权、著作权、商标权等具有知识产权的成果，所以，企业必须首先明确这些知识产权的所有者与受益者，建立起有效的知识产权保护机制，因为这些知识产权并不是每个员工都能够凭自己能力就能轻而易举地取得的，而是需要几年甚至几十年知识的学习与积累，知识产权的保护关系国家的兴衰成败，是检验一个国家与民族是否充满活力及具有持续前进动力的依据与标准，这也是西方国家尤其是美国领先世界的原因之一。令人欣喜的是：我国越来越重视原创作品，在保护知识产权方面受到社会各界人士的逐步重视，所以知识型员工对其在工作中所获得的知识产权带来的收益权也是理所当然的，只有这样，才能保护知识型员工的知识资本投资的高收益，以鼓励更多的创新与发明，发挥知识型员工对企业发展、对国民财富增加的不可替代的作用。

（3）提升企业对知识型员工忠诚度的长期培育机制——企业文化激励。企业的价值观是企业文化的核心。对企业的价值观加以条理化、规范化、制度化后在员工之间形成无形的、共同默认与认可的行为规范就形成了企业独特的文化。企业文化对内是企业成员共享的价值观、行为准则、宗旨和目标，对外则代表着一种整体的信念、形象和精神面貌。企业文化建设不是一朝一夕所能建成的，也不是一蹴而就的，具有不可模仿性等特征。

在企业文化建设中，企业文化激励是一种软实力，企业家处于主导地位，从某种程度上讲，企业文化就是企业家文化，企业家是企业文化的宣传者、倡导者、示范者和推动者，企业文化实际上是一种内在精神力量，可以发挥其他激励手段所起不了的作用。它像水与空气一样，流淌在企业的每一个角落并发挥着无法替代的作用。企业文化可以综合发挥多种激励手段的作用，如领导激励、榜样激励和目标激励等，使知识型员工的积极性在潜移默化中得以提高，为企业的可持续发展提供无穷无尽的力量。

当企业与员工双向忠诚行为受到激励，双向忠诚观念深入人心，并产生出好的效果后，体现双向忠诚的行为模式就会重复，继而形成约定俗成的观念和习惯，并最终成为企业文化。在这中间，强化过程和模仿过程起到了重要作用。双向忠诚的培育是一个从思想共鸣到行为互动的激励过程，企业文化为构建双向忠诚提供了相应的土壤环境。其中，企业文化如同一个孵化器，对企业和员工的行为方式形成了"路径依赖"，对双向忠诚的培育起到了孵化和引领作用，当企业文化形成后，在企业管理者与员工之间得以传承，短时间内不会因企业实际领导人的变更而改变。

（4）以员工个人职业发展为主体的成长激励——晋升激励与培训激励。腾讯 CEO 马化腾曾分别把企业文化和知识型员工比喻为土壤和种苗，那么企业的经营管理活动则是企业的耕耘，只有企业文化、人才、机制三者有机结合，实现了良性互动循环，才能使企业产生不断向前发展的持续动力，所以说人才是关键。在腾讯的管理理念中有"关心员工成长"的原则，就是关心员工职业发展与成长。对知识型员工来说，在基本生活得到保障后，就开始追求事业的发展、社会的认可和他人的尊重，最终是个人自我价值的实现。企业应当站在员工的立场找准员工自身职业发展的突破点与着眼点，通过员工职业生涯规划，运用多种激励手段的同时帮助员工实现自我。在知识型员工中，一部分员工寄希望于通过努力晋升为行政管理者，另一部分员工寄希望于在专业上获得提升，成为技术方面的专家。企业可以有针对性地采用"双管道"职业激励途径，来满足不同价值观员工的需求，对欲晋升为行政管理者的员工采用职务晋升的方式来激励；对欲成为技术专家的员工采用进修与培训的方式来激励。企业应充分了解员工的职业发展意愿，根据企业本身的职位资源，为员工提供富有挑战性的发展机会。

第五章我们论述了企业生命周期与员工职业周期的匹配问题，员工与企业各阶段心理与需求特点各有所侧重，关心员工成长具体原则应体现出不同特点。其一，对处于职业发展初中期的员工以员工兴趣为出发点，基于岗位匹配性出发进行双向选择，并安排有经验的导师与之建立师徒关系，也就是华为公司倡导与实行的全员导师制，实现员工工作岗位与兴趣匹配的目的，让员工在工作中带着激情。其二，对处于职业发展中期的员工，他们对自己的职业生涯规划有清晰的目标与步骤，此时企业以严格的文化管理创造出透明公平的工作环境和单纯的人际关系实现员工百分之百投入工作，多安排富有挑战性的工作任务最能帮助员工找到成就感与归属感，提升员工忠诚度。其三，对处于职业发展中后期的员工，要不断激发员工潜能，以团队工作为基础，实现个人与公司发展的统一。在知识日新月异的信息时代，企业要想在高新领域有所发展，必须积极开展培训，对于我国高新技术企业的知识型员工，更多的是将培训集中在研发水平、领先科技等相关问题。对员工培训方面具体要求是培训目标明确化，培训内容同公司各阶段发展战略一致并与员工个人发展目标相适应。

（5）提升企业对知识型员工忠诚度的长期维护机制——沟通机制。我国是一个高权力距离的社会，在员工日常工作管理中，如果企业组织与员工双方之间缺少沟通或者沟通渠道不畅通就会造成双方理解上的差异，受儒家思想较深，我国员工在社会交流中一般都不会把自己的真实思想和盘托出，而是随大流以迎合大众的主体思想。那么员工内心真正的思想是什么呢？据有关权威部门统计，我国员工平常在大众场合所表达的思想只是他内心真实想法的一半不到，有时甚至冰山一角，只有在一定场合或情境下，才肯将自己的真实想法和盘托出，成语"士为知己者死"就表达了相互交流、理解和信任对这种顺畅真实沟通的重要性。

沟通能对知识型员工起到激励作用。一是沟通有利于知识型员工的情绪表达。对于知识型员工来讲，工作群体与场所是表达员工的挫折感和不满足感的主要社会交流场所，也可以说为员工之间的沟通提供了一种释放情感的情绪表达方式，有利于员工压力情绪的释放。二是良好的沟通环境可以起到员工知识共享、信息交流的作用。在工作中，每个员工都具有自己不为大众所知的隐性知识，员工在沟通中将自己的隐性知识传播出来，在这种场合中，他们既是知识和信息的提供者，又是知识和信息的吸收者，交流机制可以使他们彼此学习，互相提高。三是沟通可以产生信任。信任对于企业与知识型员工的心理契约的构建非常重要，也是双向忠诚的前提与结果。信任是组织减少摩擦的润滑油，是把不同部件组合到一起的联结剂及有利于企业变革的催化剂，它对工作的积极作用是其他因素无可替代的。20 世纪 80 年代日本中小企业取得迅猛发展的经验之一就是在企业中营造充满信任与亲切感的家文化氛围，让员工心甘情愿地为企业的成长奉献自己的才智与全部忠诚。

在网络发达的今天，企业组织可以通过网络等形式开展正式和非正式的纵向沟通，倾听基层员工的声音，正确地处理一线员工的陈述与申诉，维护员工的正当合法权益，提倡和鼓励员工对于企业发展战略和内部管理等问题提出各种具体的意见、建议等，当然也可以通过设立"领导接待日"活动来直接与员工面对面进行沟通。

（6）提升企业对知识型员工忠诚度的辅助维护机制——时间激励。时间激励对于从事创造性劳动的高级员工来说尤为重要，有些高科技企业的知识型员工的知识专业程度较高，有些科研项目与研发项目与员工的转瞬即逝的灵感有紧密联系，所以让从事创造性与开拓性的高级科研员工享有一定可以自由支配的时间对双向忠诚非常重要。时间激励可以是弹性工作制，也可以是带薪学习制与带薪休假制。弹性工作制是指企业根据员工的实际需要来合理利用和提高工作效率的工时制度。知识工作者可以不必天天坐班，也不必与一般车间班组员工一样每天八小时工作，而是灵活安排时间，将重要的事情安排在核心工作时间完成，有时则在任务紧急的情况下在法定假日与夜间加班加点开展工作，而不重要零碎事务可以安排在弹性时间内完成。对于知识型员工而言，脑力劳动与体力劳动是有明显差别的，如果企业像对待体力劳动者一样长期监视着他们的言行举止，他们会觉得自己的创造性与积极性难以发挥，同时可能丧失对工作的激情，大部分知识型员工对于工作满意度的追求在于时间分配的自由及工作进展的可掌握程度，所以高新技术企业应该在时间激励上创新与改进，用新方法与新手段以关注和提高知识型员工的工作效率和工作满意度，特别是对有一定贡献与取得一定成果的员工，时间激励显得更为重要。

同样对有一定贡献与取得一定成果的员工提供学习休假也是非常必要的，带薪学习制与带薪休假制是对取得成绩的员工一种最有动力的时间激励方式，可以成为保障员工富有持续创造力的激励措施，也可以让高科技员工保持与提高持续创造力成为可能。

3. 提升企业对知识型员工忠诚度约束机制构建

虽然企业忠诚员工，但是现实生活中员工不忠诚组织的现象并不少见，这也是企业组织最担心与最不愿意看到的，企业率先付出了忠诚，但是员工还是选择离开，是否背叛企业姑且不说，但组织的忠诚却没有换来应有的忠诚则是客观事实。是企业对员工忠诚不够还是员工自身其他原因？当然这不能一概而论，要视具体情况而定，有时候组织对员工工资高、待遇很好，但是组织经营理念与员工的价值观和个人目标大相径庭或组织的外部大环境不好，需要企业相关配套措施予以解决等。由于我国人力资源市场没有建立完善的个人信誉档案制度，也不排除个别员工个人品行或者其他原因对组织始终没有忠诚或者忠诚度很低，当然这种情况与企业对员工忠诚无关，唯一要做的是在管理上建立相关的约束、控制和防范机制，防范可能出现的人员流失给企业带来的商业机密泄露的危机，这样做的目的更加有利于双向忠诚。

与激励机制相对应，我们将双向忠诚约束机制分为经济约束、行政制度约束和法律约束。

（1）经济约束。一是指被誉为"金手铐"的股票期权制度。它既是一种激励制度也是一种约束制度。如果员工持股者在股权或期权持续期内因种种原因离职，就会丧失其在原公司股票的尚未行使的剩余期权，这样就大大增加了持股的知识型员工离职成本。二是年金延期支付制度。预先规定在实行年薪制的企业中，核心知识型员工的年薪制风险收入中有一部分延期支付。这也是一种中长期激励措施和约束机制，可以解决高管员工之中存在的政策与行为的短期化倾向。

（2）行政制度约束。一是建立人才梯队，形成员工之间对核心技术的互相制衡的局面。二是引进外援，在组织外部招聘掌握同类技术的员工作为储备，以备不时之需。三是帮助员工建立社会关系网，我国是一个人情社会，通过鼓励知识型员工发展员工之间的社会关系网，可以减少流失率。

（3）法律约束。一是在《合同法》中明确规定员工与企业的违约责任；二是签订竞业禁止协议。这在西方发达国家尤其是美国较为流行。它是指员工在离开原任职单位后的一定期间（通常为 2~5 年），不得生产同类产品或经营同类业务，也不得在有竞争关系或其他利害关系的企业内任职，我国尚未在这方面立法，但在《劳动法》第二十二条和第一百〇二条中有相关竞业禁止协议阐述，它既可以在员工录用时签订也可以在劳动关系解除时签订。

总之，要建立起全方位的物质激励机制。在考虑知识型员工薪酬组成时，既要考虑到传统的"薪资＋绩效"的薪酬模式，也要考虑到让员工对企业拥有更多的"主人翁"意识，特别是让员工享有企业剩余收益的分配权，让企业与员工真正成为命运共同体，同呼吸共患难，将公司的发展与员工自己个人价值实现紧密结合，这样双向忠诚度自然会有所提高。

企业与员工实行三个结合有利于提升双向忠诚度。企业帮助知识型员工实现物质利益和精神利益相结合、短期利益和长期利益相结合，同时实现员工局部利益与企业整体利益相结合。以激励机制为主，约束机制为辅。内部虚拟受限股与全员身股制激励方式都强调激发员工的主观能动性，发挥员工的积极性、主动性与创造性，在当前的激励理论中是最能唤起员工创业激情的先进的激励方式，虽如是，但在股权激励方式中仍要设有约束机制作为辅助机制，约束机制的设立反而更加有利于提升双向忠诚度。

三、本章小结

本章以前沿的股权激励理论为主线，在此基础上对如何提升双向忠诚度的各种激励理论方法与措施进行了全面系统的总结与概括，最终构建了提升双向忠诚度的激励与约束机制体系。首先对民营企业环境因素、知识型员工需求及资源要素进行了具体分析。借鉴了公司股权激励的实例，综合本书的分析和研究结论，提出了在当前我国民营企业切实可行、符合实际的、操作性强的提升知识型员工忠诚度的具体方法与措施。本章综合运用了经济学、管理学、心理学和组织行为学的研究方法，是研究结论的综合性体现和提升，也为我国民营企业和知识型员工双向忠诚度提升机制的设计提供了有益的借鉴和参考。

第八章
总结与展望

一、研究的主要结论

（一）关于双向忠诚的内容结构

本书在文献分析、领导与员工实地访谈、发放调查问卷的基础上进行分析与总结。具体表现为对三个城市大中型民营企业发放并回收有效问卷450份，运用探索性因子分析方法深度探讨了知识型员工对民营企业忠诚的内容结构、民营企业对知识型员工忠诚的内容结构、民营企业与知识型员工双向忠诚的内容结构。研究结果表明，我国民营企业知识型员工忠诚的内容结构并不是一成不变的，而是随时代的变迁而有所变化。但每个时代都有体现其时代特色的员工忠诚的内容结构，当代企业员工呈现出比较清晰的五因子结构，包括认同企业文化、个人良好的道德品质、员工自觉不断提升个人职业能力、深度关注企业效益、积极主动自觉维护人际和谐。本书实证支持了这种假设，该结论比较符合现阶段我国民营企业在适应市场过程中的实际情况。民营企业对知识型员工忠诚的内容结构主要体现在随时代变迁，激励方式跟上时代发展的要求，甚至有些时期的激励方式要有所创新、有所超前。现阶段具体表现为以下四个方面：积极帮助员工实现自我价值、及时给予员工有竞争力的薪酬、关心知识型员工在不同阶段的成长、让员工获得培训与进修的机会。另外几个方面是关于激励的，主要是指股权激励、幸福激励与时间激励。民营企业与知识型员工双向忠诚的内容结构主要是指盟约理论方面的内容：纵观人类历史上每一次对于管理者与被管理者之间关系的调整，都是人类自身的身心解放的革命，反过来都会进一步地促进社会生产力水平的极大提高。从经验管理、科学管理、行为管理这个雇佣劳动三阶段的发展过程中可以发现：赤裸的强制性劳动、雇佣劳动、行政命令式的传统管理方式正在被激发员工尤其是知识型员工内心自发主观能动性这种先进的方式所替代，这也正是盟约理论方面的真正内涵。盟约理论使管理一步步走向人性化，同时也是生产力水平逐渐提升的过程。当前，科技发展日新月异，我国正处在生产力水平飞跃发展和人类前所未有的对于自身身心解放的转折时期。这也标志着经济水平和人性认识共同决定的企业与知识型员工新的关系实现质的飞跃过程正在孕育中。这种关系定位于人类理性的光辉与物质快速增长之间完美的结合点。双向忠诚精神的核心是"人性化法治"，而盟约关系则是它的精确描述，是人性化管理与法治的高度统一。民营企业如果真正建立起了这种新型的盟约关系，则企业与知识型员工之间的良性合作关系就会具备深厚的文化基础。在实现员工自身发展的培训问题上，"盟"促成了双方的互信与合作，其向心力和凝聚力大大降低了知识型员工培训的风险。而"约"则从法律上事先公开规定了企业与员工的权利与应尽的义务。民营企业可以通过提供培训经费、约定服务期限、违约经济赔偿等方式保证自己的利益不受侵害。盟约关系下，民营企业家与知识型员工的角色也有很大的转变，民营企业家由管理监督者向知识型员工的辅助者或企业的精神领袖转变；知识型员工的角色由雇佣劳动者向企业股东或企业合作者转变。企业家可以用优秀的团队所取代，而不是因为个人的更替而使企业的价值观有所变化；知识型员工也可为一种理想和精神奋斗，而不是为一个人奋斗。

总之，本书开发的企业与员工双向忠诚量表具有较好的信度和效度，总体上符合心理测量学的要求，因此，研究得出的结论是可信的、有效的。

（二）关于双向忠诚的内容影响因素

运用结构方程模型中的验证性因子分析、全模型分析探讨了员工双向忠诚的影响因素，包括目标与价值观对双向忠诚的影响、周期理论对双向忠诚的影响、企业领导风格对双向忠诚的影响、组织氛围对双向忠诚的影响、组织公平对双向忠诚的影响。这些因素的影响在第五章均有详述，本节不再赘述。现就从员工个体因素与企业组织角度概括总结如下：员工个体因素（包括员工个人的内控特质、积极情绪特质）对双向忠诚有重要影响，员工个体层面和组织层面的因素对双向忠诚的影响各有侧重。本书实证研究支持了假设，即员工的群体价值观对双向忠诚的五个维度都具有显著的、直接的正向影响；其余假设得到了部分的支持。从员工个体层面来看，积极情绪特质对双向忠诚的维护、人际和谐具有显著的、直接的正向影响，特别是在员工与领导的关系上更加明显，另外需要补充的是员工个体的内控特质对提升员工职业能力具有显著的、直接的正向影响。从企业组织层面来看，组织因素（组织公平、同事关系融洽和管理者信任、组织支持、群体价值观）对员工忠诚的甘于敬业奉献、认同企业文化、关注企业效益具有显著的、直接的正向影响，组织支持感受和同事信任对提升知识型员工职业能力有显著的、直接的正向影响，由于上述的显著的、直接的正向影响使得双向忠诚得以实现。

（三）关于双向忠诚与盟约理论的关系

盟约理论使得双向忠诚得以实现。在盟约理论下，民营企业与员工双向忠诚实现的途径表现在：一是网络化的组织结构。由于盟约关系的建立，与金字塔、矩阵结构和扁平结构等组织结构不同，企业呈现"蛛网"

型的网络结构。管理者依然处在企业的中心位置，"蛛网"结构打破以前组织结构所存在的上下级之间的等级森严、尊卑严谨的体制，在全方位的网络沟通过程中，管理者与执行者之间的被动与主动角色处于转变中。二是促进了员工的角色转变过程——员工的角色由雇员转变成合作者，包括职业经理人与企业所有者之间的关系以及高级技工与管理者之间的关系，高级知识型员工既是管理者又是雇员，员工的身份也不再是单纯的被雇佣者和被管理者，而是具有实际资本出资人和企业雇员的双重身份。三是知识更新培训是员工自我价值实现的手段，同时又是企业资本运作达到保值增值目的的重要组成部分。以前，企业把对员工的培训和开发视为一种纯粹的财务支出，员工知识更新培训的主要目的是应付当前工作的急需而不是考虑企业的长远发展。一般会采取短暂的岗位培训方式，尽力避免长期进修方式，以节约成本，缩减企业开支。在盟约理论下，对员工的进修需求成为企业与知识型员工的双重选择。四是盟约理论是人性化管理与法治管理的完美结合，这种结合使双向忠诚在民营企业得以实现。

（四）本书研究的概括性结论

通过对安徽与江西两省民营企业管理者与员工的访谈研究以及问卷调查，构建并证实企业与员工双向忠诚的结构模型，支持了本书预期研究假设。

维度一（F1）：通过重复博弈分析证实，双向忠诚是民营企业与知识型员工相互共同作用的结果，只有双向忠诚才能达到共赢的最终目的。

维度二（F2）：通过35个条目的双向忠诚度量表，同质信度、分半信度、内容效度、区分效度、实证效度等的检验显示，本书开发的最终量表具有较好的信度与效度，符合心理测试学基本要求。

维度三（F3）：变革型领导对提升双向忠诚度具有积极正向影响，其中愿景激励、个性化关怀两个方面对知识型员工的创新与开拓精神、执行力与感悟能力的正向影响更为显著。交易型领导的权变报酬、积极例外管理两个维度对双向忠诚具有积极正向影响，但消极例外管理对双向忠诚产生负面影响。

维度四（F4）：支持性组织氛围对双向忠诚产生积极正向影响；控制性组织氛围对双向忠诚产生负面影响，其中受正负向影响较大的是知识型员工的创新与开拓精神、执行力与感悟能力三因素。

同时，对影响双向忠诚的各因素和总体问卷进行 Cronbach's α 系数检验，发现各维度及总体量表一致性系数均在 0.7 以上，问卷具有较好的内部一致性，符合统计学的要求，研究结论得到了验证。

二、研究的不足之处

本书研究通过理论推演和实证检验，虽然提出了许多创新性观点，力求把研究建立在科学严谨的基础上，但是仍然存在以下研究局限：

（1）在开发研究中，采取访谈研究及内容分析方法构建初始问项，虽然研究过程严格遵循质化研究程序，但由于双向忠诚是个前沿性的创新研究，难免影响访谈对象及研究人员的理解，从而影响资料编码及项目归类的准确性和一致性。

（2）在研究样本上，受研究条件限制，样本仅局限于安徽与江西两省大中型民营企业，虽然研究模型与假设得到了较好的验证，但难免影响样本的代表性，需要进一步扩大样本来源，以进行验证研究。

（3）在研究内容上，虽然对影响双向忠诚的主要结构维度进行了研究与验证，但是，双向忠诚问题作为一个系统课题，仍然需要从多维角度进行分析，如对民营企业外部环境的影响机制、绩效机制等问题，进一步丰富影响双向忠诚的研究内容。

三、未来展望

　　研究双向忠诚问题就必须客观地、完整地解读组织活动及外界情境全过程，员工忠诚、企业忠诚，二者构成了组织的活动交互能动，在盟约理论下企业与员工的双向忠诚才有可能产生，本书研究正是围绕这条主线展开了双向忠诚内涵结构、测量、影响因素、作用机理的探讨。由于属于初次立足中国组织情境研究双向忠诚问题，所以，研究或多或少地存在一些不成熟的问题待后续研究加以解决。

　　第一，通过扩大样本采集范围，以检测本书研究所得到的双向忠诚内涵结构的稳定持续性和测量方法手段的有效性，也可以进行比较研究，从国外私营企业抽取样本来探讨双向忠诚内涵结构跨文化的普适性及测量方法的有效性。此外，未来研究还可以从不同地域、不同工作性质的组织（除民营企业外的机关团体、事业单位外）进行抽样，比较不同地域、行业、经济类型在企业与员工双向忠诚方面的差异。

　　第二，只是探讨了民营企业内员工个体层面的纵向忠诚问题，组织中还有一种多类型的横向忠诚，即平行的同级人员由于专业尊敬、人际利益等因素产生的相互忠诚。这两种不同方向的相互忠诚，共同对组织绩效产生怎样的影响。未来的研究可在本研究的基础上，展开对横向与纵向忠诚关系以及对领导效能如何影响的综合分析与研究。

　　第三，在针对员工个体的研究上，可加入个体员工的差异研究，如加入日本比较成熟的血型研究，各种不同血型的员工在双向忠诚问题上肯定呈现出不同的特征。血型研究的意义不仅与医学、生化学有关，还和人们的思维、性格、行为甚至和人类社会的政治、经济、文化等社会活动有着密切联系，所以血型研究也应该成为双向忠诚问题中个体行为研究的重要组成部分。

第四，双向忠诚体现的就是企业领导与员工的向心力。人都是在一定的文化与氛围下履行自己应尽的社会职责与行为。未来的研究应该进一步深化弘扬双向忠诚的社会文化、组织文化和氛围，只有将双向忠诚固化为企业的核心文化，双向忠诚才能真正找到动力之源。

第五，将来研究要克服某一种单一研究方法的局限，结合间段滚动法、追踪考察法、分组实验法等多种研究方法，探讨双向忠诚产生的前因以及对后果变量的作用机理。

参考文献

［1］ Bies R J, Moag J F. Interactional Justice: Communication Criteria of Fairness ［M］. Greenwich CT: JAI Press, 1986: 43 – 55.

［2］ Brown S, McNabb R, Taylor K. Firm Performance, Worker Commitment and Lovalty ［M］. Journal of Sheffield University, 2006.

［3］ Clayton L, Jenks. Employee Loyalty and the Inventive Spirit ［J］. Industrial and Engineering Chemistry, 1924, 16（1）: 86 – 88.

［4］ Colquitt J A, Conlon D E, Wesson M J, Porter, C O, Ng, K. Justice at the Millennium: A Meta – analytic Review of 25 Years of Organizational Justice Research ［J］. Journal of Applied Psychology, 2001（86）: 425 – 445.

［5］ Dienesch R M, Liden R C. Leader – Member Exchange Model of Leadership: A Critique and Further Development ［J］. Academyn of Management Review, 1986（11）: 617 – 636.

［6］ Drucker P F. Knowledge Work ［J］. Executive Excellence, 2000, 17（4）: 11 – 12.

［7］ Drucker P F. Knowledge Worker Productivity: The Biggest Challenge ［J］. Management Review, 1999, 41（2）: 79 – 94.

［8］ Folger, Cropanzano. Relationship – based Approach to Leadership: Development of Leader – Member Exchange Theory of Leadership over 25 Years: Applying a Multi – Level – Multi – Domain Perspective ［J］. Leadership Quarly,

1995 (6): 218 – 246.

[9] Gerstner C, Day D. Meta – Analytic Review of Leader – member Exchange Theory: Correlates and Construct Issues [J] . Journal of Applied Psychology, 1997 (82): 827 – 845.

[10] Gerth, Hans, C. Wright Mills. From Max Weber: Essays in Sociology [M] . New York: Oxford University Press, 1958.

[11] Graen G B, Cashman C J. A Role – marking Model of Leadership in, Formal Organizations: A Developmental Approach [M] . Kent : Kent State University Press, 1975: 41 – 66.

[12] Gram G B, Cashman C J. A Role – making Model of Leadership in Formal Organizations: A Developmental Approach [M] . Kent State University, 1975 (12): 142 – 167.

[13] Guillory W A. The Future Perfect Organization: Leadership for the Twenty – first Century – part l [J] . Industrial and Commercial Training, 2007, 39 (2) : 52 – 58.

[14] Hart D W, Thompson J A. Untangling Employee Loyalty: A Psychological Contract Perspective [J] . Business Ethics Quarterly, 2007 (17): 297 – 332.

[15] Hofstede G, Hofstede G J, Minkov M. Cultures and Organizations: Software of the Mind [M] . London: McGraw – Hill, 1991.

[16] hoppock R. Job Satisfaction [M] . New York : Haper & Row, 1935.

[17] Janis I L. Groupthink: Psychological Studies of Policy Decisions and Fiascos [M] . Boston: Houghton Mifflin, 1962.

[18] Kirkman B L, Rosen B. Beyond Self – management: Antecedents and Consequences of Team Empowerment [J] . Academy of Management Journal, 1999, 42 (1): 58 – 75.

[19] Kuenzi M, Schminke M. Assembling Fragments into Alens: A Re-

view, Critique, and Proposed Research Agenda for the Organizational Work Climate Literature [J] Journal of Management, 2009, 35 (3): 634 – 718.

[20] Leventhal G S. What Should be Done with Equity Theory? [J] Social Exchange: Advances in Theory and Research, 1980 (1): 27 – 55.

[21] Lewin K L, White R K. Patterns of Aggressive Behavior in Experimentally Created "Social Climate" [J] . Journal of Social Psycholigy, 1939 (10): 270 – 298.

[22] Mayfield J, Mayfield M. Increasing Worker Ourcomes by Improving Leader Follower Relations [J] . The Journal of Leadership Studies, 1998, 5 (1): 72 – 81.

[23] Napier, Ferris. Distance in Organizations Man [J] . Resource Management Review, 1993, 3 (4): 321 – 357.

[24] Pasha S F. Leadership Influence in a High Power Distanceand Leadership & Organization Development Journal [M] . MCB University Press, 2000: 189 – 221.

[25] Paul R. Goldin when Zhong Does not Mean Loyalty [J] . Dao, 2008, 7 (2): 165 – 174.

[26] Royce J. The Philosophy of Loyalty [M] . New York, the Macmillan Company, 1908.

[27] Schneider B. The Climate for Service: An Application of the Climate Construct [M] //Schneider B. (eds.) Organizational Climate and Culture. SanFrancisco, CA: Jossey – Bass, 1990: 383 – 412.

[28] Scholl R W, Cooper E A, Mckenna J F. Referent Selection in Determining Equity Perceptions: Differential Effects on Behavioral and Attitudinal Outcomes [J] . Personnel Psychology, 1987 (40): 114 – 125.

[29] Silin R H. Leadership and Value: The Organization of Large – scale Taiwanese Enterprises [M] . MA: Harvard University Press, 1976.

[30] Stulz R. Managerial Control of Voting Rights: Financing Poli – cies

and the Markets for Corporate Control ［J］. Journal of Financial E – conomics，1988（20）：24 – 55.

［31］Thibaut J W，Walker L. Procedural Justice：A Psychological Analysis ［M］. Hillsdale N J Erlbaum，1975.

［32］Walster E，Walster G W，Berscheid E. Equity：Theory and Research ［D］. Allyn & Bacon，1996.

［33］Weber M. Economy and Society ［M］. California：University of Califorma Press Los Angeles，1922：67 – 72.

［34］查尔斯·汉迪. 非理性的时代：掌握未来的组织 ［M］. 北京：华夏出版社，2000.

［35］陈春花. 从理念到行为习惯：企业文化管理〔M〕. 北京：机械工业出版社，2011：62 – 65.

［36］陈惠春，张合林. 二维忠诚链的价值分析 ［J］. 企业改革与管理，2004（7）：14 – 15.

［37］陈惠春，张志平. 忠诚员工的价值及其培育 ［J］. 职业时空（研究版），2005（8）.

［38］陈丽君，沈剑平. 人力资本混介雇佣模型理论述评 ［J］. 劳动经济与劳动关系，2002（4）.

［39］陈胜军，贾天萌. 高新技术企业专业技术人员组织支持感与关联绩效关系的实证研究 ［J］. 科技与管理，2009，11（50）：63 – 67.

［40］陈维政，李金平. 组织气候研究回顾及展望 ［J］. 外国经济与管理，2005（8）.

［41］高贤峰. 知识型员工的行为动力结构与激励策略 ［J］. 中国人力资源开发，2001（7）：15 – 17.

［42］胡宇辰. 留住人才是民营企业发展的根本 ［J］. 经济论坛，2006（20）：64 – 66.

［43］胡宇辰，詹宏陆. 基于心本管理的企业员工幸福感提升分析 ［J］. 江西社会科学，2014（6）.

［44］黄光国．儒家关系主义与华人企业的组织文化［M］．北京：中国人民大学出版社，2004：165－166.

［45］黄培伦，李鸿雁．知识型员工激励因素研究评述［J］．科学文化评论，2007（1）．

［46］黄卫国，宣国良．基于知识价值链的知识工作者管理研究［J］．中国工业经济，2006（1）．

［47］姜定宇，郑伯博，任金刚．组织忠诚：本土化的建构与测量［J］．本土心理学研究，2003（19）．

［48］金照林．企业忠诚体系及其构建模式［J］．商业研究，2003（16）：14－15.

［49］康锦江，李春，刘晋军．四维忠诚管理与应用［J］．东北大学学报（社会科学版），2006，8（1）．

［50］孔凡晶．民营科技企业员工组织公平对工作绩效与离职倾向影响研究［D］．吉林大学，2010：46－47.

［51］李琼．中美师生关系的权力距离差异［J］．西江月，2013（35）．

［52］李显东．工作满意度在工作价值观和离职倾向间的中介作用实证研究［D］．辽宁大学，2012：28－29.

［53］利·布拉纳姆．留驻核心员工［M］．北京：中国劳动社会保障出版社，2004（1）．

［54］梁漱溟．中国人：社会与人生—梁漱溟文选［M］．北京：中国文联出版公司，1996：22－24.

［55］廖建桥，赵君，张永军．权力距离对中国领导行为的影响研究［J］．管理学报，2010，7（7）：988－992.

［56］刘国亮，王加胜．上市公司股权结构，激励制度及绩效的实证研究［J］．经济理论与经济管理，2000（4）：47－56.

［57］刘彧彧，丁国林，严肃．沟通开放氛围下领导—成员交换和组织公平感的关系研究管理学报［J］．2010，12（7）：1791－7199.

［58］罗富碧，冉茂盛，杜家廷．高管人员股权激励与投资决策关系的实证研究［J］．会计研究，2008（8）：68－77．

［59］马歇尔．经济学原理（上卷）［M］．上海：商务印书馆，1964．

［60］纽弗朗西斯·赫瑞比．管理知识型员工：挖掘企业智力资本［M］．北京：机械工业出版社，2000：69－72．

［61］蒲德祥．领导新理念：幸福管理［J］．理论探索，2009（3）：155－157．

［62］齐岳峰．中国经济奇迹背后"隐形发动机"［J］．中国新时代，2013（4）．

［63］钱新．员工忠诚的认识误区与应对［J］．中国人力资源，2009（6）：32－33．

［64］乔东．试论企业价值观和企业质量文化［J］．商业研究，2003（3）：55．

［65］唐娜．华为员工持股载体法律问题研究［D］．山西财经大学，2014．

［66］特伦斯·迪尔，艾伦·肯尼迪．企业文化［M］．上海：上海科技文献出版社，1989：28－42．

［67］汪中求．细节决定成败［M］．北京：人民出版社，2001：1－2．

［68］王辉，刘雪峰．领导成员交换对员工绩效和组织承诺的影响［J］．经济科学，2005（7）：11－16．

［69］王青川．进化上的稳定策略之数学模型研究［J］．陕西师范大学学报（自然科学版），1996（4）．

［70］王睿．对企业员工忠诚度影响因素的分析与思考［J］．东方企业文化·商业文化，2012（5）．

［71］王小锡．现代经济伦理学［M］．南京：江苏人民出版社，2000：26－28．

［72］韦慧民，龙立荣．主管认知信任和情感信任对员工行为及绩效

的影响［J］. 心理学报, 2009, 41（1）: 86－94.

［73］徐国成. 完善上市公司股权激励的探讨［J］. 商业经济, 2014（8）.

［74］徐华明. 当代中国企业价值观问题研究［D］. 南京师范大学, 2005.

［75］徐艳丽, 员工组织忠诚度视域下我国煤炭行业人才的培养［J］. 重庆理工大学学报（社会科学版）, 2014（2）: 149－151.

［76］杨海光, 莫光政. 企业经营目标的价值观研究［J］. 广西商业高等专科学校学报, 2005, 22（2）: 6－9.

［77］杨佑国. 谈现代企业核心员工的需要［J］. 北京服装学院学报（自然科学版）, 2001（10）: 85－89.

［78］于洁. 浅谈企业核心员工的战略管理［J］. 经营管理者, 2014（11）.

［79］张丹, 施徐景, 戴昌均. 基于人格结构理论的知识型员工行为与激励策略研究［J］. 当代财经, 2006（6）.

［80］张望军, 彭剑锋. 中国企业知识型员工激励机制实证分析［J］. 科研管理, 2001（11）: 90－97.

［81］张维迎. 企业家与经理人: 如何建立信任［J］. 北京大学学报（哲学社会科学版）, 2003（5）.

［82］张晓光. 影响组织与员工双向忠诚的因素［J］. 中国人力资源开发, 2005（7）.

［83］赵平. 优化股权激励契约［J］. 浙江经济, 2014（1）.

［84］赵息, 石延利, 张志勇. 管理层股权激励引发盈余管理的实证研究［J］. 西安电子科技大学学报（社会科学版）, 2008（3）.

［85］赵一兵, 刘国君. 我国职业经理人问题的困惑与前景［J］. 理论学习与探索, 2003（5）.

［86］郑超, 黄枚立. 国有企业知识型员工激励机制的现状调查及改进策略［J］. 华东经济管理, 2001（6）: 30－33.

［87］郑兴山. 跨文化管理［M］. 北京：中国人民大学出版社，2010.

［88］周敏，贺华峰. 企业与职业经理人如何互信［J］. 价格与市场，2003（7）.

［89］朱青松. 企业不同生命周期的员工与组织匹配策略［J］. 当代经济管理，2012（1）.

［90］朱贻庭. 伦理学小辞典［M］. 上海：辞书出版社，2004：305 – 307.

调查问卷

尊敬的女士/先生：

您好！这是一份学术性的调查问卷，探讨"民营企业与知识型员工双向忠诚"方面的问题，希望能获得您的理解与支持。本问卷共有105道题，主要想了解您对这些问题的看法，烦请您在百忙当中仔细阅读每一项陈述，根据你自己的条件和意愿选择。

特别说明：本问卷的各个选项与答案并无对错之分，而您所填的选项仅供研究之用，您填写的资料绝对保密，决不个别处理或对外发表，不会对任何人泄露个人信息，且不需要填写个人方面的隐私信息，敬请您放心填答。同时，您的选择又对全部调查结果具有重要影响，对整个研究结论也具有重要影响，所以请您依照自己的真实情况与感受如实回答，不必有所顾虑。十分感谢您的大力支持与协助。

一、您的基本情况

请在相应答案的字母上打对钩，或改为红色字体，或者填写有关内容。

1. 您的性别：A. 男　B. 女

2. 您的年龄：A. 25岁及以下　B. 26～35岁　C. 36～45岁　D. 46岁及以上

3. 您的文化程度：A. 高中（中专）及以下　B. 专科　C. 本科　D. 研究生

4. 您目前的婚姻状态：A. 已婚　B. 未婚

5. 您的工作岗位属于：A. 营销岗位　B. 技术岗位　C. 生产岗位 D. 后勤服务　E. 行政岗位　F. 财务岗位　G. 其他

6. 您属于公司哪一层级的管理人员？

　A. 公司高层管理　B. 公司中层管理　C. 高级技术人员　D 一般职员

7. 您的月收入：A. 3000 元以内　B. 3000～5999 元　C. 6000～9999 元　D. 10000 元以上

8. 您参加工作的时间：A. 1～5 年　B. 5～10 年　C. 10～20 年　D. 20 年及以上

9. 您在进入本单位前工作过的单位有：A. 0～2 家　B. 3～4 家　C. 5～6 家　D. 6 家及以上

10. 您在贵公司的工作年限：A. 1～5 年　B. 5～10 年　C. 10～20 年 D. 20 年及以上

11. 贵公司的人数：A. 100 人以下　B. 100～500 人　C. 501～1000 人 D. 1000 人以上

12. 贵公司效益：A. 很差　B. 较差　C. 一般　D. 较好　E. 很好

13. 您所在的单位是否是股份制企业：A. 是　B. 否

如是股份制企业，您是否持有公司的股份：A. 持有　B. 未持有

14. 您与公司所有者或主要领导人的关系：A. 血缘关系　B. 姻亲关系　C. 同乡关系　D. 同学或校友关系　E. 没有关系　G. 其他关系（请填写）

二、员工问卷

表中列出了员工对企业忠诚的表现，请您对下面各项目中的内容是否符合自己的情况进行判断，并在对应栏内打对钩（请填写每题，不要有遗漏）。

编号	员工对企业忠诚的表现	非常符合	比较符合	一般	不太符合	很不符合
B1	愿意为企业奉献自己业余时间					
B2	忠诚的员工往往是对企业自愿奉献的					
B3	我对我所在的企业有强烈的归属感					
B4	我相信公司值得我忠诚对待					
B5	在公司中，我真的感觉自己是这个家庭的一分子					
B6	我对企业的文化、价值观及管理制度都非常认同					
B7	我愿意继续在公司工作5年以上					
B8	我不会为了公司和上级的要求，而放弃我在职业上的发展					
B9	我认为忠诚于自己的职业最重要					
B10	我认为忠诚于自己的职业比忠诚于某个组织或某个人更重要					
B11	我努力争取自己在专业领域比其他人做得更好					
B12	我会努力在自己专业方面发展自己					
B13	我从事的职业有良好的发展前景					
B14	我从事的职业对社会贡献大					
B15	我尊重上司，维护领导的权威					
B16	我能配合上级领导完成工作安排					
B17	对管理能力强的领导，作为下级应该尽可能地支持信任他					
B18	只有跟对上司，在公司中才有发展前途					
B19	我认为人们应该忠于自己的上司					
B20	我觉得上司的问题就是我的问题					
B21	我很乐意跟我现在的上司继续工作					
B22	我有时通过信息沟通帮助领导改进工作					
B23	我有时通过建言献策帮助领导改进工作					
B24	我有时通过实践创新帮助领导改进工作					
B25	我经常在组织群体活动中发挥表率作用					
B26	我认真履行了岗位所应承担的工作责任					
B27	不同时间段的任务指标我都已如期完成					

续表

编号	员工对企业忠诚的表现	非常符合	比较符合	一般	不太符合	很不符合
B28	通过努力我的年度预期目标已按期实现					
B29	组织对我的岗位工作业绩评价表达满意					
B30	领导对我的积极工作态度给予高度认可					
B31	我具有胜任本岗位工作的专业技能					
B32	我喜欢接受一些富有挑战性的工作					
B33	我对完成岗位工作任务充满自信					
B34	我有灵活应对工作情境变化的能力					
B35	本岗位非常适合我的工作才能施展					

三、领导问卷

下表中列出了领导对员工忠诚的各种表现及其对员工的期望，请您对下面各项目中的内容是否符合自己的情况进行判断，并在对应栏内打对钩（请填写每题，不要有遗漏）。

编号	领导对员工忠诚的表现与期望	非常符合	比较符合	一般	不太符合	很不符合
B1	我会把组织和员工的利益放在首位					
B2	我会为实现目标和员工同甘共苦					
B3	我不会给员工穿"小鞋"，搞打击报复					
B4	我不会揽功为己、将过推给别人					
B5	我会让下属高兴地接受并完成分配的工作					
B6	我充满亲和力，让员工乐意与我共事					
B7	我会让员工体会工作对组织发展的意义					
B8	我常帮助员工树立完成工作的自信心					
B9	我会让员工信任领导能克服工作中的任何困难					

续表

编号	领导对员工忠诚的表现与期望	非常符合	比较符合	一般	不太符合	很不符合
B10	我常要求员工从多角度思考实际问题					
B11	我会想办法让员工质疑已经发生的事情					
B12	我会要求员工重新思考自己的工作方式					
B13	我会常指点员工尝试解决问题的新角度					
B14	我会在分配任务时适当考虑员工的兴趣					
B15	我能配合上级领导帮助员工完成工作安排					
B16	我会与员工单独交流，了解其多方面的需求					
B17	我常对员工的职业发展给予鼓励和帮助					
B18	我会热心帮助员工家人解决一些实际困难					
B19	我会向员工承诺按其绩效给付相应的报酬					
B20	我会向员工提供有竞争力的薪酬					
B21	我会向员工提供良好的工作环境					
B22	我会为员工提供稳定的工作保障					
B23	我会关心员工的个人成长和发展					
B24	我会给予员工公平待遇					
B25	我会向员工提供学习与培训的机会					
B26	我会真诚对待每一位员工					
B27	我会向员工增加福利保障（如保险和休假等）					
B28	我会信任员工					
B29	我会向员工提供良好的合作气氛					
B30	我会让员工发挥专长					
B31	我会向员工创造上下级融洽关系					
B32	我会尊重员工意见					
B33	我会向员工提供富于挑战性和多样性的工作机会					
B34	我希望员工能得到良好的指导					
B35	我会客观评价员工贡献					

四、双向忠诚问卷

表中列出了双向忠诚问题的各种表现（领导与员工均填写）。请您对下面各项目中的内容是否符合自己的情况进行判断，并在对应栏内打对钩（请填写每题，不要有遗漏）。

编号	双向忠诚问题	非常符合	比较符合	一般	不太符合	很不符合
B1	制定了企业与员工均认可的企业发展目标					
B2	建立了提高企业社会地位的措施					
B3	建立以人为本的企业文化					
B4	重视与员工的沟通交流，完善沟通渠道					
B5	培养员工的团队合作精神					
B6	企业讲究诚信，以诚待人					
B7	招聘具有忠诚特质的员工					
B8	合理授权，鼓励员工参与管理					
B9	提高管理的透明度					
B10	认真对待每位员工的意见和建议					
B11	提高上级领导自身素质和管理水平					
B12	上级领导关心尊重并信任员工					
B13	实施弹性工作时间与合理的加班制度					
B14	完善分配机制，保证待遇公平合理					
B15	结合企业发展，帮助员工进行职业生涯发展规划					
B16	给员工提供形式丰富、内容多样的培训					
B17	组织员工感兴趣的活动，丰富业余生活					
B18	工作富有挑战性和丰富化					
B19	灵活、多途径的晋升机制					
B20	在本组织，能否晋升与领导私人关系无关					
B21	上司的身边很少安排自己的亲戚和朋友					
B22	坚持以表扬为主、批评为辅的原则					

编号	双向忠诚问题	非常符合	比较符合	一般	不太符合	很不符合
B23	实施或准备实施股权激励					
B24	用人方面是以人为本的原则					
B25	在员工激励方面注重幸福激励					
B26	对特殊贡献员工注重时间激励					
B27	对即将离职员工采取挽留与安抚					
B28	对困难员工给予经济帮助					
B29	对自身发展前景充满希望					
B30	个人的职业技能对双向忠诚起重要作用					
B31	双向忠诚中企业应该对员工首先忠诚					
B32	双向忠诚是通过领导—员工交换关系所体现的					
B33	盟约理论对双向忠诚起指导意义					
B34	员工培训后才能更好地服务企业					
B35	职业忠诚与双向忠诚是相辅相成的					

后　记

　　时光如流水，本书付梓之际，人生美好的学校读书生涯也将结束。对一个在青春阶段没有正式在校读过四年大学（本科为自考）的人来说：能够在不惑之年的研究生阶段在安徽与江西两省最好的高校学习也算是对自己以前遗憾的一种最完美的补偿。在毕业之际，心中唯有无限的感恩：

　　感谢江西财经大学吴照云副校长及工商管理学院院长胡宇辰教授给了我攻读博士的机会，也改变了我这几年的生活与以后的人生轨迹。

　　衷心感谢胡宇辰老师：使我在读博的路上遇到挫折时有信心坚持下来，对于我这个年龄偏大而管理知识相对同门师兄弟更薄一些的弟子来说，在五年前刚入导师师门时，导师就为我制定了一套个性化的培养方案。从最初的选题、拟定提纲、开题报告、初稿修改、反复修改，直至成稿，每个环节都渗透了老师的辛勤汗水与心血。每当我碰到深奥的理论困惑时，老师总是将繁杂深奥的理论公式通过许多浅显易懂的比喻将我从充满荆棘的道路上引向光明，让我去收获那稍纵即逝灵感与豁然开朗的喜悦，激发我浓厚的学习热情与钻研兴趣，从而一直向前。我明白，本书得以顺利完成，字里行间无不凝聚着老师的无限心血。感谢敬爱的师母朱晖女士四年多来对我的关照与爱护。

　　衷心感谢江西财经大学的胡大立教授、王耀德教授，在我进行毕业论文开题设计时给予的指导与点拨。感谢刘克春教授、杨建峰博士以及师兄弟李永安博士、王忠诚副教授、袁青燕博士、何文章博士、陈云川博士等的帮助与支持。

在攻读博士学业期间，江西财经大学的各位老师精湛的授课、风趣的讲座和妙语如珠的学术报告，都对本研究产生了一定的启迪与推动，在此一并致谢。

感谢江西财经大学蛟桥校园内的可爱石板路、小亭、石桌、木椅，还有高耸入云的大柳树及湖边的小杨柳。在学校期间，总是深情脉脉地伴随着我们；每次回到学校，总是那么亲切温馨地招呼我们。尽管我已回到北方的故乡，但我怎么能忘记这美好心灵的家园——时时刻刻魂牵梦绕，心中时时默想：假如有来生，一定还来江西财经大学读博。

有人将写书的过程用闽南语俗谚"生一个子，落九枝花"来形容。意思是说，女人生一个孩子，损耗了她的毕生的青春与精力，当时听了"落九枝花"的形容觉得有些难以置信与不可思议，几年后等到本书有些眉目才真的感觉此言不虚。博士学业即将完成，但人生奋斗进取的道路依然漫长。"路漫漫其修远兮"，学无止境，我将依然执着，用江西财经大学"信敏廉毅"的精神鼓舞自己，坚韧跋涉，奋勇前行，在以后的工作中，用丰硕的成果来回报与感谢一切关心和爱护我的人。

詹宏陆

2015 年 6 月 18 日